SEMBRA
LLIBRES

Intel·ligència artificial. Com els algorismes condicionen les nostres vides
Tercera edició: maig de 2025

C/Real de Gandia, 3, baix esq.
46020 València
sembra@sembrallibres.com
www.sembrallibres.com

Edició: Mercè Pérez i Xavi Sarrià
Disseny de la col·lecció: Setanta | www.setanta.es
Correcció: Roger Sarrià
Maquetació: Setanta

Aquest llibre s'ha imprés a Bookprint
amb paper ecològic, òfset cru de 80 grams i ha estat compaginat amb cos 10,5 de la tipografia Mercury.

ISBN: 9978-84-16698-60-8
DL: V-474-2021

Enric Senabre
Vicent Costa

Intel·ligència artificial

Com els algorismes condicionen les nostres vides

SEMBRA
LLIBRES

A María, imprescindible en aquesta bonica amistat

Un cercle roig notifica la novetat d'avui, una minisèrie de vuit capítols titulada *Intel·ligència artificial. Com els algorismes condicionen les nostres vides*. Ja fa anys que sentiu a parlar de la IA i és possible que fins i tot hàgeu piulat alguna notícia sobre el tema, parlat amb alguna amiga sobre un futur dominat per robots, o donat voltes al darrer episodi de *Black Mirror*. Així és que decidiu donar una oportunitat a la sèrie, feu clic i entreu en acció...

Esperem que aquesta temporada us capture i que, en acabar-la, cliqueu sobre el polze cap amunt.

Capítol pilot: La IA ens acompanya

«Ai, t'he trobat a faltar per ací.»

DADBOT DE JOHN VLAHOS

Deveu haver sentit a dir que la intel·ligència artificial (IA) ha jugat un paper fonamental en la contenció de la darrera pandèmia, que les projeccions basades en models matemàtics ens han ajudat a preveure diferents escenaris amb antelació o, fins i tot, que ens volen monitorar amb els nostres mòbils per detectar positius i asimptomàtics. I potser també heu sentit veus crítiques amb la utilització d'aquests dispositius pel control que permet als governs sobre la ciutadania. Tot això té una part certa i, com ocorre amb la majoria d'aspectes del dia a dia, està basat en la IA. Per això hem pensat que podria interessar-vos saber-ne més coses, sobre la IA, de manera que trobeu respostes més completes la pròxima vegada que us pregunteu, per exemple, com funciona l'assistent del telèfon mòbil o com endevina una xarxa social les publicacions que us poden agradar.

Amb aquestes intencions, començarem amb una aproximació del que podria considerar-se una definició d'aquesta disciplina. Per completar la introducció formal a la IA, continuarem, doncs, amb una revisió històrica que mostra alguns dels racons menys coneguts del seu passat protagonitzats per personatges «secundaris» que no tenen res a envejar a l'elenc principal, així com les diverses expectatives que ha suscitat aquesta disciplina en diferents moments del seu desenvolupament. En acabant revisarem les aportacions que el cinema i les sèries ens ofereixen sobre les possibilitats de la IA, els discursos utòpics i distòpics que genera i les visions esperançades o catastrofistes que alimenta.

Altrament, ens servirem de casos reals per presentar i reflexionar sobre algunes de les manifestacions recents més suggestives. A més a més, dedicarem un capítol exclusivament a la controvertida robòtica sexual, mentre que en el següent proporcionarem una espècie de brúixola ètica per a guiar-nos en alguns dels arguments protagonitzats per la IA més polèmics. Així doncs, més avant proposarem distints camins pels quals pot transitar en el futur.

El nostre enfocament parteix de considerar la IA una creació humana que vol facilitar la vida de les persones; això és, un enginy que pretén ajudar en les tasques més fastigoses i monòtones. Ara bé, aquesta disciplina comporta totes les preconcepcions i visions, conscients i inconscients, de les persones que l'han desenvolupada, les quals viuen en una societat històrica determinada amb els seus prejudicis, relacions de poder, interessos i aspiracions. En aquest cas, el fet que generalment el seu disseny estiga ocult darrere d'uns algorismes formulats en llenguatges difícilment desxifrables col·laborarà a ocultar aquests prejudicis; la IA, però, no és ni de lluny ideal. Amb aquesta primera temporada de la sèrie que us presentem pretenem trencar algunes d'aquestes preconcepcions, sabers populars i visions estereotipades generades de manera inconscient entre la societat del present. Si la IA s'ha revelat com un dels millors instruments per a millorar la societat en què vivim, haurem de precisar quin tipus d'IA volem i quins aspectes preferim exorcitzar. Anem per feina.

Capítol 1: Presentem la protagonista

«Cap aspecte de la nostra vida escaparà a la IA.»

MARGARET BODEN

La naturalesa de la IA, protagonista de la nostra sèrie, dificulta descriure-la. A més a més, com que és *trending*, sembla que tothom necessita parlar-ne, i cadascú ho fa des d'una perspectiva diferent, aprofitant la riquesa d'aquest personatge. Així doncs, tot això destorba encara més la seua definició. De fet, és comú que les publicacions sobre la IA eviten donar una definició explícita de la disciplina, i potser això també ocorre perquè, en proporcionar-la, és fàcil deixar-ne fora alguns dels aspectes més importants. Però nosaltres creiem que paga la pena el risc i dedicar uns minuts del capítol per a presentar-la.

La IA és una ciència i, com que aplica a la indústria una part dels coneixements que genera, també és una enginyeria. L'activitat principal de qui treballa en aquesta ciència i enginyeria és el disseny de màquines virtuals i físiques capaces d'acomplir tasques intel·ligents o que impliquen altres facultats psicològiques pròpies de l'ésser humà (com per exemple l'associació, el control motor o la percepció).

Així doncs, la IA fabrica artefactes que tenen a veure amb el que usualment els humans hem identificat com a accions intel·ligents o accions pròpies de la nostra espècie (per exemple, la percepció del color blau). Ara bé, en la mesura que definim la IA també com una enginyeria, cal destacar que les andròmines que aquesta llança al mercat passen a formar part d'un entramat on conviuen interessos clarament contraposats i relacions de poder força asimètriques. Amb tot, l'artefacte es barreja amb aquests darrers elements i l'escenari el protagonitzen intel·ligències... i artificis. En resum, tenim el còctel perfecte per a dibuixar una trama ben entretinguda.

Tradicionalment, la IA ha mostrat «personalitats», les quals ens serveixen per a entendre millor alguns dels moments àlgids de la seua trama. Quan la IA se centra a obtenir mecanismes que només porten a terme activitats concretes (com ara transcriure una llista de la compra), es parla d'*IA dèbil*. Si l'objectiu és dissenyar màquines amb una intel·ligència general, semblant a la dels éssers humans (és a dir, una intel·ligència amb estats interns, etc.), aleshores el paradigma en què ens movem s'anomena *IA forta*. Dit d'una altra manera, la IA dèbil pretén una *intel·ligència especialitzada* (per exemple, aquella que disposa d'un programa que sàpiga jugar al parxís amb un nivell expert, però que siga incapaç de jugar al joc de l'oca), mentre que la IA forta busca una *intel·ligència general* (aquella intel·ligència que, per exemple, mostren els éssers humans en els humans quan duen a terme tasques diverses, quan eviten imprevistos, etc.).[1]

Així doncs, alguns pensadors i científics han defensat que la IA forta no és possible. Nosaltres no volem entrar en aquest debat, ja que considerem que aquest no és el punt central del relat i, en qualsevol cas, creiem que aquesta pregunta es resoldria des de i per la mateixa IA. En canvi, pretenem centrar la temporada en les IA actuals, les repercussions d'aquestes i els reptes futurs que es plantegen. I en aquest punt del capítol ja podem fer-vos un espòiler prou interessant: tot i que gràcies al folklore que sol acompanyar la IA el que segueix sembla sorprenent, fins ara tots els progressos assolits han estat resultat de la IA dèbil, des del *Logic Theorist* (el primer programa que demostra alguns teoremes de la lògica proposicional clàssica) fins al famós as-

1. Quan la IA sols busca una intel·ligència general, sense preocupar-se pels estats interns, de vegades es parla d'*IA general*.

sistent personal SIRI. Així doncs, molts dels suposats èxits anunciats a so de bombo i platerets no són més que millores d'una intel·ligència especialitzada, i no suposen un pas cap a la IA forta.

Deixant de banda els distints objectius que persegueixen aquestes visions de la IA, de vegades sembla que hi ha «diferents» intel·ligències artificials, atés que es presenten enfocaments i mètodes de treball totalment distints, depenent de la màquina virtual en què es basen. Això ocorre perquè es podria dir que la IA mostra diverses categories generals, és a dir, maneres diferents de processar la informació al context d'aquesta ciència i enginyeria: IA clàssica (o IA simbòlica), xarxes neuronals artificials (o model connexionista), autòmats cel·lulars i programació evolutiva (o IA evolutiva).

La delimitació de les categories, però, no sempre és nítida i tampoc no existia en el naixement de la IA, encara que per desgràcia pareix que la majoria de les investigacions se centren només en una categoria concreta. A més a més, cada categoria disposa de subcategories i, amb el seu desenvolupament, cada vegada és més complicat emmarcar la IA utilitzant tan sols aquestes divisions. Justament per això, remarquem que la raó d'explicar-les rau a conéixer millor la protagonista, i en cap cas volem emmurallar la IA amb les categories presentades. Altrament, aquestes categories tampoc no són necessàries, en el sentit que la IA podria haver-se desenvolupat amb enfocaments diferents d'aquells amb què s'han manifestat tradicionalment. Més encara, existeix un consens raonable entre la comunitat científica quan s'afirma que el camí cap a una IA forta passa per un enfocament híbrid: és a dir, una estratègia que considere les distintes categories generals actuals i, fins i tot, algunes de noves que encara han d'arribar. Aquesta diversitat de mètodes explica parcialment l'enorme influència que la IA ha comportat per a camps tan diversos com la neurologia, la filosofia de la ment, la psicologia, la filosofia pràctica o la tecnologia, entre d'altres.

En primer lloc, la IA simbòlica (o clàssica), que va engegar al final dels anys cinquanta tant a Amèrica del Nord com a Anglaterra, té com a punt de referència la convicció següent: un sistema de símbols és tot el que necessitem per a executar tasques intel·ligents; és a dir, manipular símbols és suficient per a mostrar intel·ligència. Així doncs, aquesta categoria recull aquelles pràctiques que, en general, utilitzen la lògica per representar el coneixement i la fan servir, juntament amb l'heurística, la planificació i la simplificació matemàtica, per resoldre problemes. Un exemple d'aplicació paradigmàtic de la IA clàssica és un sistema expert. Els sistemes experts són programes que prenen decisions sobre temes especialitzats a partir de bases de dades i regles de raonament. Per exemple, alguns sistemes experts proposen un diagnòstic mèdic d'un pacient utilitzant les anàlisis i els resultats de les proves realitzades, així com les regles del programa (regles del tipus: «Si el pacient presenta febra, cansament, diarrea, tos seca, manca del sentit de l'olfacte i gust i erupció en la pell i fatiga, aleshores és convenient fer una prova per a descartar la COVID-19»). En aquest cas, el problema consistiria a *diagnosticar* la malaltia que pateix la persona examinada, si és el cas.

Malauradament, la IA clàssica es va germinar contagiada de la desafortunada idea del cervell com un ens complet i abstracte, de manera que en algun sentit assumeix la premissa que el pensament es pot donar en el buit, sense cap arrelament corporal. Però el nostre coneixement i l'aprenentatge són indivisibles de l'experiència sensorial al món físic possibilitada pel nostre cos. Al remat, hi ha coneixement que requereix l'experiència (quantes vegades heu sentit a dir allò de «no t'ho puc explicar, has de viure-ho»?).

Les xarxes neuronals artificials (o model connexionista) és el nom que donem a la segona categoria de la IA. La hipòtesi en què es basa aquest enfocament es resumeix com la idea que la intel·ligència es dona a partir de l'activitat distribuïda d'un gran nombre d'unitats interconnectades que processen la informació, de manera que el comportament intel·ligent emergeix a partir d'aquesta combinació. Així doncs, el model connexionista haurà de simular aquestes unitats o elements de baix nivell, els quals intervenen en els processos intel·ligents. En particular, aquests enfocaments simularan les connexions entre neurones que tenen lloc al cervell humà. En poques paraules, una xarxa neuronal artificial és un sistema compost d'unitats que es relacionen entre elles tals que, totes en conjunt, acompleixen una activitat. Resumint en excés el procediment, cada unitat, que imita una neurona, té un pes associat i dos estats possibles (actiu/inactiu). L'estat d'una unitat depén del seu pes i de les relacions que hi ha entre les connexions de la unitat amb altres unitats (aquestes connexions també tenen un pes associat). Si a la unitat li arriba suficient força, llavors l'estat passa a ser actiu. Algunes de les tècniques més conegudes d'aquesta categoria són l'aprenentatge profund, que engloba un tipus de mètodes d'aprenentatge automàtic basats en les xarxes neuronals artificials i en un sistema per capes que extreu progressivament característiques de nivells superiors, i que simula així el funcionament bàsic del cervell humà. Ara bé, per tal de no embullar-nos amb capes i detalls, a continuació exemplifiquem aquesta categoria amb un treball menys actual i més senzill que les últimes fites que s'hi ha aconseguit.

Si heu estudiat anglés, de segur que en algun moment heu hagut de batallar amb la formació del passat dels verbs. Com deveu saber, en la gramàtica anglesa trobem verbs regulars i irregulars, però en principi no aprenem de memòria el passat de tots els verbs del diccionari. Pel que fa als verbs regulars, una sèrie de regles de formació ajuden a saber obtenir-ne la forma del passat; mentre que, amb els irregulars, pareix que l'únic que podem aconseguir, després d'haver-ne aprés un munt de memòria, és una forma d'intuïció que sols en proporciona una idea de com podria ser el passat d'un verb irregular nou per a nosaltres, intuïció útil però sense cap seguretat sobre la seua efectivitat. Així doncs, els investigadors Rumelhart i McClelland (Rumelhart, 1986) van entrenar xarxes neuronals artificials per conjugar els passats d'alguns verbs en anglés: mostrant en un principi a la xarxa com es conjuguen alguns verbs regulars i irregulars, les conjugacions de la xarxa davant nous verbs eren paregudes a les respostes d'alguns xiquets i xiquetes que aprenen a parlar en anglés. En efecte, les respostes a alguns verbs irregulars eren sorprenentment correctes, mentre que, per a altres verbs, la xarxa no conjugava correctament el passat i mostrava respostes del tipus (*go-goed*).[2] En resum, aquesta categoria ha tingut repercussió sobretot en la psicologia, la neurociència computacional i la filosofia del llenguatge (per exemple, es podria afirmar que aquest treball innocent posa en dubte algunes de les teories del llenguatge del mateix Chomsky).

John von Neumann fou el pioner de la tercera categoria de la IA que destaquem: això és, els autòmats cel·lulars. Un autòmat cel·lular és un sistema d'unitats que segueixen regles simples i depenen de les unitats veïnes. Aquesta categoria pot servir per a simular el desenvolupament d'organismes, com per exemple el que constitueixen les cèl·lules d'un organisme pluricel·lular, i, per tant, pot ajudar en estudis que més aviat tenen a veure amb la biologia. Podeu pensar, per exemple, en un espai dividit per caselles, cel·les o cèl·lules que poden moure's per si mateixes («auto-») i replicar-se («cel·lulars»). Totes les cèl·lules estan sotmeses a les mateixes regles, que venen determinades per l'espai o sistema i depenen de l'estat de les cèl·lules veïnes, de manera que les cèl·lules es mouen o es repliquen d'acord amb aquestes regles. Finalment, s'assumeix que sobre el sistema actua sempre un temps que es considera discret (no continu).

2. Per cert, tot i que potser us imagineu la construcció de xarxes neuronals artificials com si es tractara del joc Geomax, en realitat les xarxes se solen representar virtualment en un ordinador. Com se sol dir, i d'una manera més formal, les xarxes neuronals artificials són màquines virtuals de computació paral·lela implementades en ordinadors clàssics.

Un exemple paradigmàtic i entretingut d'autòmat cel·lular ens el dona «El joc de la vida» (*The game of life* és el nom que rep l'autòmat cel·lular inventat el 1970 pel matemàtic Conway). L'objectiu central d'aquest joc és modelar sistemes físics; en particular, es juga amb una trivialització d'un univers mecànic on el temps és discret. En el joc trobem un «tauler» infinit de dues dimensions amb cèl·lules. Cada cèl·lula té cèl·lules veïnes i dos estats possibles, 1 (vida) o 0 (mort). Així mateix, el joc inclou unes regles fixes molt simples: (1) una cèl·lula viva mor en l'instant següent, llevat que dues o tres veïnes seues estiguen vives; (2) una cèl·lula morta reviu en l'instant següent si, i només si, exactament tres cèl·lules veïnes estan vives. Al començament del joc, el temps és igual a zero i s'assignen uns valors inicials a les cèl·lules. Després, s'observen els canvis en totes les cèl·lules per a cadascun dels moments en el temps.[3] Com a curiositat, us comentem que aquest innocent joc obri la porta de la hipòtesi de l'univers matemàtic, la qual conjectura que l'existència física i l'existència matemàtica coincideixen, a més d'haver estat germinada pels mateixos pitagòrics i que va estar proposada pel carismàtic cosmòleg Max Tegmark.

La IA evolutiva, l'última categoria que presentem en aquesta temporada, és la més *rockera* de totes. En el seu escenari ja no impera la precisió dels intricats càlculs matemàtics del model connexionista o la formalitat de la lògica regnant de la IA simbòlica: ací hi ha espai per a la impredictibilitat. En efecte, mentre que la categoria de les xarxes neuronals artificials es basava en el cervell humà o la categoria dels autòmats cel·lulars es fixa en els sistemes físics, la programació evolutiva s'inspira en la idea de l'evolució biològica. En gros, donat un problema, els algorismes que crea la programació evolutiva segueixen l'esquema següent: es parteix d'un programa inicial clarament ineficaç

3. Per a jugar a aquest lloc de manera gratuïta, visiteu http://pmav.eu/stuff/javascript-game-of-life-v3.1.1/.

per a resoldre el problema; aquest es va modificant segons l'atzar i la «selecció natural», fet que dona lloc a versions millorades del programa inicial, fins que s'arriba a un programa òptim pel problema plantejat. Concretament, per a imitar la idea de l'evolució biològica, durant el procés se seleccionen tant aquelles versions que s'apropen a la solució del problema (la «selecció segons l'aptitud») com altres versions seleccionades per l'atzar (com és ben conegut, l'atzar té un paper rellevant a l'evolució biològica). D'aquesta manera, la IA evolutiva és un sistema d'aprenentatge per reforç. Així doncs, un algorisme evolutiu es modifica per si sol, sense intervenció del programador humà, de manera que és impossible tant controlar-ne tots els detalls com predir-ne el resultat final, aspecte que ha propiciat l'aplicació de la programació evolutiva en l'art. Els robots evolutius són, presumiblement, l'exemple més interessant d'aquesta categoria. Un robot evolutiu és aquell que utilitza algorismes evolutius per «engendrar» nous robots amb qualitats millorades (com ara canviar la forma de les potes del robot «engendrat» per tal de fer bons salts) o fins i tot qualitats noves (per exemple, desenvolupar en el nou robot un sensor d'objectes per a esquivar obstacles). Potser us imagineu un laboratori amb persones que construeixen cadascuna de les versions d'un robot evolutiu inicial. El problema, però, és que es poden necessitar centenars (o fins i tot milers!) de versions d'un robot inicial fins que aparega una versió que siga realment interessant; i aquest procés de construcció resultaria extremadament costós (amb tots els sentits de l'adjectiu). Per això, un procediment habitual consisteix a simular els robots en un ordinador amb un entorn que, evidentment, també és virtual. Llavors, si s'escau i no necessàriament, es construeix alguna de les millors versions obtingudes. Volem remarcar que, en algun sentit i una vegada més (com ja ocorria amb les xarxes neuronals artificials), la IA clàssica serveix de suport i possibilita, en un sentit pràctic, altres categories de la IA. Tot i això, també cal afegir que, recentment, els enginys físics que simulen reflexos sensorials en els robots comencen a ser més habituals a poc a poc.

Per exemplificar una aplicació d'aquesta categoria, utilitzem el treball de Cheney, MacCurdy, Clune i Lipson (Cheney, 2013). Aquests autors han desenvolupat un entorn virtual amb robots evolutius que competeixen per ser els més ràpids. Els robots presenten inicialment peces senzilles de distints colors i cada color representa un tipus de material, que presumiblement es modifica segons els resultats mostrats. Els robots més ràpids obtenen el «premi» de la «descendència»; això és, robots semblants al «progenitor» que, de vegades, presenten qualitats millorades, mentre que altres vegades l'atzar determina que obtinguen qualitats que fins i tot els tornen més lents que els seus «progenitors». Per sort, els ordinadors actuals són prou potents per a fer milions de simulacions per segon, de manera que no necessitem que passen anys per a conéixer els resultats de segles d'evolució d'aquests corredors. Així doncs, els resultats no sols mostren robots pareguts a alguns insectes que trobem en la natura, sinó que també ofereixen robots que més aviat pareixen creacions amb les quals se sentiria còmode el mateix Dalí. Ara bé, a la fi els robots més lents no «sobreviuen». Amb aquest exemple en la ment no és d'estranyar que les principals aplicacions de la programació evolutiva s'agrupen en el camp de la biologia.

La barra de controls de reproducció ens indica que aquest capítol s'acaba i, per tal que no perdeu l'interés, un seguit de preguntes relacionades amb la trama clouen l'episodi. ¿Com faríem si haguérem de descriure l'amor a una entitat sense cos que, a sobre, habita entre el buit del no-res de l'abstracció? I la passió? Sembla que de poc valdria declamar el famós poema de Lope de Vega pel cas de l'amor o provar sort amb «Els amants», de Vicent Andrés Estellés, per a contestar la segona pregunta. Potser, però, aquestes qüestions són complicades fins i tot per a vosaltres, que, de segur, disposeu d'«intel·ligència general». Provem llavors amb alguna cosa més «mundana»: què sentim quan experimentem un orgasme? I quan esternudem? O quan sabem que un objecte és sòlid? En suma, és evident que hi ha coneixement adquirit gràcies a l'experiència que ens proporciona un cos situat en un món extern; així com tampoc no hi ha cap dubte que no podem aprendre matemàtica avançada de la mateixa manera que sabem que la taula sobre la qual escrivim és sòlida (amb les matemàtiques necessitem valer-nos, per exemple, de la representació interna o el càlcul deductiu).

Així mateix, la intel·ligència humana ha evolucionat des de, i gràcies a, les organitzacions socials que ha viscut, i en general respon a unes motivacions i funcions de recompensa concretes, fruit d'aquestes organitzacions i del caràcter social de l'ésser humà. Per tant, al capdavall tornem a la idea que per a fer el camí cap a la IA general no són vàlides les divisions; més aviat al contrari, el que sembla clar és que cal començar per la cooperació entre les distintes categories d'aquesta: això és, pels sistemes híbrids, especialment aquells que combinen una aproximació corpòria amb representacions internes. Un exemple de sistema híbrid és la robòtica del desenvolupament o del creixement. Aquesta estratègia es basa en la teoria del desenvolupament de Piaget: se situa els robots en entorns reals amb la finalitat que aquests interactuen amb el medi i, idealment, passen per les etapes proposades pel psicòleg suís, estratègia que, dècades abans de la seua aparició, ja va conjecturar Alan Mathison Turing.

Ara que ja hem introduït el personatge principal de la sèrie, serà complicat perdre's per la trama laberíntica de la IA, i potser els suggeriments dels capítols posteriors seran més encertats. Nogensmenys, fins i tot les telenovel·les més simples tenen una història («Qui va viure abans en aquella mansió de gust dubtós? Qui és l'home que protagonitza el quadre penjat sota la xemeneia?»). Contar part de la rondalla de la IA és, doncs, l'objectiu del capítol següent. Si teniu curiositat, cliqueu a «Continueu veient-ho».

Capítol 2: Un salt enrere per a entendre la trama

«Quin mal faria intentar-ho?»

ARLENE GWENDOLYN LEE

És divendres i la vostra plataforma preferida de sèries i pel·lícules us acaba d'enviar un missatge amb el suggeriment de la setmana, una pel·lícula nord-americana d'acció, semblant a la sèrie apocalíptica que heu acabat fa poc. Com que es tracta de l'estrena de la setmana i sabeu que ben prompte alguna amistat us en demanarà l'opinió, cliqueu en el bàner i feu pantalla completa...

Un centenar de polítics amb cara de preocupació discuteixen sobre la imminent fi del món. S'obri una porta, un home blanc de trenta-cinc anys, heterosexual, casat i pare de dues filles que l'admiren profundament, irromp a la sala i el guirigall s'esvaeix de colp. Es tracta del geni informàtic que salvarà la humanitat durant els pròxims vuitanta minuts que falten per finalitzar la pel·lícula. I així, a poc a poc, fil a fil, es teixeix en el nostre imaginari la idea errònia que la IA fou, és i serà cosa de genis com els de les pel·lícules. Al capdavall, quan sentim a parlar d'una fita en IA, quantes vegades us ha vingut al cap la imatge d'un home blanc amb ulleres? I quantes vegades heu vist un amic demanar ajuda a una amiga en temes d'informàtica?

Amb la IA ocorre el mateix que amb aquella sèrie on el passat d'alguns personatges és decisiu per a la trama. Així que si volem entendre l'argument d'aquesta temporada, haurem de posar-nos còmodes i gaudir d'aquest episodi de salt enrere.

Des dels primers guions fins a l'estrena

L'estiu de l'any 1956, els Estats Units d'Amèrica es dedicaren a detonar bombes amb noms de nadius americans, Marilyn Monroe es va casar amb Arthur Miller, Elvis Presley actuà al xou d'Ed Sullivan... i se celebrà la conferència titulada «Dartmouth Summer Research Project on Artificial Intelligence», que va tenir lloc al petit estat de Nou Hampshire, a la Universitat de Dartmouth. Tot i que el nom utilitzat en el títol va tenir molt d'èxit, durant aquell estiu no hi va haver grans avenços relatius al tema del projecte. Tanmateix, aquesta conferència sol assenyalar-se com el punt de partida de la IA, el seu primer episodi oficial, perquè encara que la IA ja existia per aquells dies, va ser a partir d'aquest estiu que s'establí una comunitat científica pròpiament dita i aquesta va irrompre a distintes universitats i, més endavant, a la societat.

Tot això potser us pareix massa acadèmic i sense importància, però imagineu per un moment com seria de diferent la vostra vida sense la IA! Canviarien un munt d'aspectes: des de comunicar-vos amb els amics o divertir-vos gravant vídeos per a TikTok fins a trobar informació des de la vostra habitació a les onze de la nit per a escriure el treball d'història del trimestre. Ara bé, la IA no va nàixer amb l'objectiu de recomanar-nos el vídeo sobre un gatet atrapat en una capsa de bombons. L'interés dels seus pioners se centrava a explicar el comportament intel·ligent dels humans. Els programes i les màquines es consideraven «danys col·laterals», almenys inconscientment. Un altre aspecte important dels principis d'aquesta disciplina és que diferents estratègies de recerca convivien sense conflicte, compartint congressos i trobades.

Per a entendre bé els inicis de la nostra protagonista, però, necessitem presentar dos personatges que poc tenien a veure amb el geni de la pel·lícula del divendres. O, més que personatges, fins i tot podríem dir que van ser els creadors i primers guionistes de la trama.

Augusta Ada Byron, més coneguda actualment com Ada Lovelace (1815-1852), fou una matemàtica britànica que entengué millor que ningú el potencial de màquines «calculadores» que sols existien com a disseny, a més de guanyar-se el títol de la primera persona «programadora» de la història. En efecte, quan Charles Babbage dissenyà l'anomenada *màquina analítica* no existien precisament els llenguatges de programació. Així doncs, des que acudí a una festa a casa de Babbage i presencià en directe una demostració de la màquina diferencial (això és, una màquina anterior a l'analítica que servia per a calcular i imprimir els successius valors d'una fórmula), Lovelace seguí amb interés el treball de Babbage. L'any 1842 Luigi Federico Menabrea publicà en italià una descripció de la màquina analítica de Babbage, i fou així com el científic Charles Wheatstone va veure una oportunitat per a Lovelace: la matemàtica podria traduir a l'anglés aquell text. Lovelace, emperò, no es va acontentar només amb la traducció, i va incloure-hi una sèrie d'apèndixs on exposava i esclaria algunes qüestions centrals sobre el tema. De les seixanta-sis pàgines que componen aquesta traducció publicada el 1843 a les *Scientific Memoirs*, quaranta-una corresponen als apèndixs escrits per Lovelace. D'un costat, en aquests apèndixs va publicar el primer algorisme de la història dissenyat específicament per a ser implementat en una màquina; en concret, en la màquina analítica de Babbage. Aquest servia per a obtenir els nombres de Bernoulli.[4] De l'altre, Lovelace encertà una idea clau per al futur de la computació: el potencial de les màquines semblants a l'analítica traspassava el mer càlcul, ja que els nombres podien representar altres entitats, de manera que aquestes màquines eren capaces de treballar amb un altre tipus de problemes (per exemple, els nombres

4. Els nombres de Bernouilli són certs nombres racionals que sorgeixen en el context de l'anàlisi matemàtica, la teoria de nombres i la combinatòria.

podrien representar notes musicals, de manera que les màquines serien competents per a obtenir composicions musicals). Dit d'una altra manera, Ada albirà el pas del càlcul a la computació.

No obstant això, Lovelace mai no va veure reconegut el seu treball i no precisament per la mort prematura que va patir, sinó més aviat per les coses del patriarcat, que va provocar el retard d'un segle a reconéixer les aportacions de la programadora. A hores d'ara, la figura de Lovelace va cobrant rellevància de mica en mica, fins al punt que obri la porta a la visibilitat d'altres científiques que han estat històricament silenciades.

L'altre guionista i pioner és el també britànic Alan Mathison Turing (1912-1954). L'any 1936 Turing va definir la màquina que més endavant s'anomenaria, en honor seu, *màquina de Turing*. Aquest model matemàtic assentà les bases de l'objecte que més anys després canviaria el curs de la nostra història: això és, l'ordinador. En aquell temps, Turing tenia vint-i-quatre anys i encara no havia començat els estudis de doctorat. Els anys restants de la seua vida els va dedicar principalment a una disciplina que encara no havia nascut pròpiament. Així, entre d'altres, assentà algunes de les bases de la IA, va albirar estratègies de recerca que no arribarien fins al segle següent, va obrir un debat que semblava inimaginable a l'època (pot pensar, una màquina?), escurçà de dos a quatre anys la Segona Guerra Mundial amb la seua tasca en criptografia, desenvolupà la teoria no lineal del creixement biològic i fou el primer ésser humà a dissenyar un programa d'ordinador que juga als escacs. Ferm convençut de la possibilitat de la IA forta quan aquesta semblava una bogeria, Turing mai no va poder veure amb els seus ulls el que vindria després; és a dir, una comunitat científica dedicada a contestar algunes de les preguntes que ell es plantejà massa prompte. Més important encara, no tingué l'oportunitat de tractar de respondre-les ell mateix. En efecte, Turing va conéixer en vida les llums del prestigi i l'èxit de la multitud, però també la hipocresia de la societat heteropatriarcal i el capritx del públic. Alan Mathison Turing fou un geni que canvià la història de la humanitat, i ni tan sols així va escapar de la hipocresia de la societat anglesa dels anys cinquanta. Turing era homosexual i visqué la seua vida afectivosexual amb la màxima llibertat possible tenint en compte aquelles circumstàncies, fins que l'any 1952 va ser arrestat per pràctiques homosexuals. El tractament hormonal forçat i la impossibilitat conseqüent per a fer recerca el van portar al suïcidi l'any 1954.

Actualment la fama de Turing sembla gaudir d'un moment àlgid amb bibliografies reeditades, articles periodístics a tot arreu, obres de teatre, podcasts, pel·lícules, novel·les, etc. Com en molts casos, també podem trobar infinitat de textos que posen en dubte, amb molta parcialitat, les aportacions del britànic.

Ada no fou l'excepció: guerreres dels bits

«T'agrada cuinar seguint les instruccions d'un llibre de cuina? Llavors potser ets un bon o una bona programadora informàtica!» Aquesta idea, que formava part de l'imaginari comú de la societat nord-americana i anglesa de les dècades dels anys cinquanta i seixanta, va quedar recollida en el llibre *Your Career in Computers* (Fischer, 1968), on el seu autor explicava als coetanis com es podia arribar a cadascun dels vint-i-quatre treballs, relacionats amb la informàtica, estudiats en l'obra. Aleshores res no podia semblar més boig que estereotipar la feina de programador en la figura de l'home, perquè la programació informàtica era de fet un món on la dona treballadora tenia molta cabuda.

En efecte, tot i que actualment els mitjans de comunicació i fins i tot les mateixes facultats de ciències de la computació afirmen triomfalment, com si estiguérem davant una situació única en la història, que les dones es van obrint pas de mica en mica en el món de la programació informàtica, la veritat és que fins a la meitat de la dècada dels vuitanta la programació informàtica va ser un treball on la proporció de dones era molt significativa.

En primer lloc, no existia cap estereotip al qual aferrar els prejudicis que més endavant entrarien en escena: la programació informàtica era una disciplina nova que encara estava naixent, i llavors tampoc no havia calat en l'imaginari col·lectiu la idea que els homes blancs i asiàtics estan dotats «naturalment» per a la programació. Ben al contrari, l'estereotip de la dona ordenada i elegant jugava a favor de la contractació de dones (aquest estereotip, evidentment, també era l'excusa per a «justificar» la seua relegació a l'àmbit domèstic). D'una banda, els programes s'escrivien sobre paper i, després, es preparaven manualment unes targetes perforades per introduir-les a les màquines. D'altra banda, la capacitat dels ordinadors era molt limitada i, per tant, cada caràcter comptava i no se'n podia malgastar cap, de manera que ser concís era una virtut per a la programació informàtica.

En segon lloc, en la mesura que en aquella època la informàtica encara no havia assolit l'estatus de ciència i, per tant, d'ofici digne de ser ocupat pels homes a l'esfera pública, en el mercat laboral hi havia un buit que les dones podien omplir sense haver de lluitar contra l'emblema masclista, i racista, d'«ens lleven el treball». Fins i tot les dones embarassades nord-americanes tenien l'opció de treballar mitja jornada a l'empresa d'Elsie Shutt Computations Inc., que contractava dones per a treballar des de casa mitja jornada com a programadores.

Finalment, la societat donava valor al terme que avui dia anomenem *maquinari* (*hardware*), mentre que el *programari* (*software*) ni tan sols existia com a concepte. Encara més, la feina seriosa era aquella que tenia a veure amb el maquinari, mentre que la resta d'activitats es concebien com a secundàries. Això sí, els homes decidien quines instruccions havien de donar les dones a les màquines; és a dir, controlaven la maquinària, malgrat que en general no es preocupaven per a saber com s'implementaven de fet aquestes ordres a les màquines.

Esclata llavors la pregunta de què va ocórrer perquè les dones programadores acabaren sent l'excepció i no la regla. La meravellosa exposició presentada per Clive Thompson (Thompson, 2019) ens dibuixa un panorama on diferents factors es van ajuntar per, una vegada més, engreixar les corrioles del patriarcat. En resum, l'arribada a les llars de l'ordinador personal, com per exemple el TRS-80 al final dels anys setanta o el Commodore 64 a començament dels anys vuitanta, va suposar un augment de l'interés per la informàtica, encara que aquesta curiositat es va centrar en els xiquets i els joves adolescents (homes). Tal com va recollir en els seus estudis Allan Fisher, l'ordinador se solia installar a l'habitació dels fills i no a la de les filles. A més, s'observava que aleshores els pares tan sols motivaven els fills per a aprendre llenguatges de programació i consultar manuals d'informàtica, i no animaven les filles a aprendre-ho. D'aquesta manera, a poc a poc, els cursos de programació informàtica van veure com el percentatge d'estudiants dones, que abans havia estat ben alt, es reduïa fins a nivells irrisoris. L'explicació era ben senzilla: els estudiants homes començaven els cursos de programació amb habilitats i coneixement previs, fruits d'hores de pràctica anteriors a la universitat, mentre que les estudiants emprenien els cursos sense cap base; encara més, algunes no havien tingut pràcticament cap contacte amb un ordinador abans de la universitat. A més a més, durant les classes, professors i alumnes homes ridiculitzaven les preguntes de les estudiants dones que no tenien una base prèvia en programació.

Així mateix, un altre aspecte crucial és el fet que el masclisme de l'època considerava oportú que un estudiant home passara les hores programant davant un ordinador i descurara altres aspectes de la vida quotidiana, mentre que socialment es castigava aquest comportament si provenia d'una dona. I d'aquesta manera, de mica en mica, es va anar teixint l'estereotip de la dona com a menys capacitada per a valdre's entre la formalitat de la programació informàtica. Per cert, el mateix fenomen van patir la població d'ètnia negra i la població hispana que vivia als Estats Units (al capdavall, les poblacions amb menys recursos econòmics). Tot i que algunes iniciatives, com per exemple les mesures establertes per Jane Margolis a la Universitat Carnegie Mellon (cursos de nivell, etc.), van resultar molt efectives en determinats indrets del món acadèmic, la realitat que esperava a les dones que acabaven la universitat era ben complicada: la programació ja era cosa d'homes. Per si no fóra suficient tot això, per aquella època el cinema i la televisió ja havien ideat l'estereotip de l'home asiàtic com a agraciat i innatament disposat per la informàtica; i la història es va reescriure. Amb aquesta temporada esperem que oblides aquella visió contaminada de la IA.[5]

Malgrat tot això que us hem contat, i per molt sorprenent que parega, el passat de la trama de la IA és ple de protagonistes femenines. En aquest capítol et contem algunes de les meravelloses històries d'aquestes guerreres.

Comencem amb Arlene Gwendolyn Lee (1941-2018), una dona lluitadora i brillant. L'avi de Gwen havia arribat al Canadà des de Barbados dècades enrere a la joventut de Lee, amb l'objectiu que els seus fills i nets tingueren un futur més esperançador al país nòrdic. Gwen era una jove brillant d'ètnia negra que vivia en un barri de classe mitjana. Així doncs, malgrat les bones notes amb què es va graduar a la Allenby Junior Public School (escola primària), Lee fou destinada a

5. L'any 2013, un grup d'estudiants d'informàtica van estudiar els biaixos de gènere en l'àmbit de la programació. Per fer-ho, van utilitzar la plataforma GitHub i analitzaren les avaluacions que els usuaris feien dels codis publicats. I el que van descobrir fou sorprenent i esclaridor: les dones obtenien millors puntuacions que els homes, però sols si amagaven el seu gènere en l'autoria.

una *trade school*; és a dir, una escola secundària on a les dones se'ls ensenyava principalment a cosir i cuinar. Finalment, si bé després que els homes de la família de Gwen es queixaren amb vehemència i reiteradament d'aquesta decisió inicial, la jove va ser admesa a l'escola North Toronto. Més endavant Gwen acudí a la Universitat de Toronto i, en el seu temps de lleure, tocava el violí en una orquestra. Un dia de ball va conéixer qui es convertiria en el seu marit, un home canadenc blanc. Com que aleshores una parella interracial ho tenia pràcticament impossible a l'hora de llogar un habitatge, Gwen i la seua parella van haver de comprar una casa per viure junts, de manera que la necessitat perquè tots dos treballaren va créixer considerablement.

Un dia, Lee va llegir un anunci al periòdic on Empire Life buscava homes joves per a treballar en processament de dades i no s'ho va pensar dues vegades. A l'entrevista col·lectiva, Gwen destacava per ser l'única dona i l'única persona d'ètnia negra. De fet, les dones que recollien els tests d'aptitud van advertir Lee que el reclutament de mecanògrafs era en una altra habitació, però Lee va insistir que li deixaren fer el test: «No podria intentar-ho simplement? Quin mal faria intentar-ho?». Després de fer el test, Gwen va ser traslladada a una habitació on va ser interrogada per dos homes que no es podien creure la situació: els resultats situaven una jove negra en el percentil noranta-nou d'una prova per a mesurar les capacitats en programació informàtica. Lee va haver de contestar altres preguntes, fins i tot algunes de més complicades, reservades per a treballadors amb experiència, i finalment va ser reclutada per a participar en el programa de formació per a programadors analistes, una categoria sènior a l'empresa. Altrament, Lee fou una de les primeres dones programadores al Canadà. Imagineu quantes dificultats patiria Gwen en una època masclista i racista... Sobre aquestes, la programadora sempre va contestar que altres dones ho van tenir pitjor, ja que a l'ordinador no li importava l'ètnia o el gènere de qui dissenyava la programació. Per si teniu més curiositat, la filla de Gwen conta la història de la seua mare en una entrada del seu blog.[6]

D'altra banda, Mary Allen Wilkes (Chicago, 1937) és un dels rostres femenins més familiar d'aquest episodi. La seua història comença amb l'anècdota que ella mateixa narra. Quan encara era una xiqueta, la seua professora de geografia de vuité afirmà rotundament: «Mary Allen, quan sigues gran, hauries de convertir-te en programadora informàtica!». Wilkes tenia altres plans, la idea de ser advocada era el que realment satisfeia les seues aspiracions. Tanmateix, quan es va graduar en el Wellesly College el 1959 en filosofia i teologia, l'evidència i la insistència dels seus mentors, que l'advertiren de les dificultats amb què es trobaria una dona en el món legal, van acabar per fer que Mary Allen deixara temporalment de costat el seu somni de convertir-se en advocada. Així mateix, després de passar un test d'aptituds, Mary Allen va aconseguir entrar al Massachussets Institute of Technology (és a dir, el MIT), on va programar els famosos IBM 704 i IBM 709. Més endavant, el 1961 Wilkes va tenir un paper central en la creació del cèlebre LINC, un dels primers ordinadors personals i interactius, on va dissenyar el sistema operatiu LAP6. Els somnis de Wilkes, però, poc tenien a veure amb els ordinadors. I aquesta història té un final feliç, perquè l'any 1972 va ser acceptada a la Harvard Law School, on començaria una brillant carrera en l'advocacia que va continuar durant quatre dècades.

Lee i Wilkes no van ser l'excepció: darrere d'altres dones excepcionals, com per exemple Elsie Shutt (1928), Ruth Lichterman (1924-1986) o Betty Snyder (1917-2001), s'amaguen històries fascinants que ens parlen i ens donen una nova perspectiva de tota una època, però no tenim espai per a contar-les totes. Qui sap, potser algun dia la vostra plataforma preferida de sèries i pel·lícules us envia un avís amb una sèrie sobre aquestes dones brillants...

6. http://braythwayt.com/.

De l'hivern a l'era de la IA

Potser penseu que la IA ha gaudit sempre d'una bona acollida i mai no s'ha vist amenaçada, però això només ocorre perquè actualment els discursos que se'n fan coincideixen amb un to triomfalista que oblida el passat recent de la disciplina.

Tal com ocorre amb les dinasties familiars de la vostra telenovel·la preferida, les diferents categories de la IA, que en un principi convivien pacíficament, es van tornar més més prompte bàndols que possiblement en van retardar el desenvolupament. A més, a començament dels anys setanta van emergir des de la filosofia, per un costat, veus crítiques amb la IA. Per l'altre, la recerca en IA es va trobar amb dificultats i limitacions internes i externes. D'una banda, s'albiraren les limitacions de la lògica matemàtica clàssica com a model de representació del coneixement i eina per al raonament. D'acord amb la lògica clàssica, davant una proposició tan sols tenim dues possibilitats: o la proposició és vertadera o és falsa. I, és clar, el món no es pot dividir entre veritats i mentides. D'altra banda, diverses associacions governamentals de diferents països, com la Scientific Research Council o la Defense Advanced Research Projects Agency, van emetre informes negatius i desoladors sobre la IA, de forma que el flux de finançament es reduí dràsticament.

Aquest període de decadència se sol anomenar l'hivern de la IA i es va prolongar aproximadament fins a mitjan anys vuitanta, quan a poc a poc es van encendre els llums de l'esperança per a la protagonista de la nostra sèrie.

En efecte, pel que fa al problema amb la lògica clàssica, el naixement de les lògiques no clàssiques proporcionà un ventall de possibilitats immens: les coses ja no eren blanques o negres, sinó que ara la veritat tenia infinits sabors i modalitats. Altrament, les xarxes bayesianes (és a dir, els models probabilístics que estableixen relacions entre un conjunt de variables aleatòries) van resultar una eina útil als casos en què la incertesa té un paper fonamental. De manera paral·lela, es va recuperar la confiança en les xarxes neuronals artificials, que havien estat desacreditades injustament pels defensors d'una IA simbòlica. Finalment, cal esmentar que el gran desenvolupament tecnològic impulsà la materialització d'algunes de les idees dels investigadors en IA. Al remat, l'hivern de la IA donà pas per fi a una primavera ben duradora, a l'era de la IA (no podíem acabar aquest capítol amb la tristor del fred d'un hivern!).

És impossible esmentar en un llibre els avenços assolits els darrers vint-i-cinc anys en matèria d'IA. Us donarem, però, a manera de fil de Twitter, una perspectiva, els jocs d'ordinador, des de la qual es pot contemplar el desenvolupament d'aquesta disciplina.

El primer joc per a ordinador va estar dissenyat a finals dels anys quaranta per Alan Mathison Turing, i servia per a jugar als escacs. Uns anys després arribaria el famós joc de dames d'Arthur L. Samuel, que incloïa una tècnica per a millorar l'estratègia del programa a mesura que aquest competeix amb humans, tècnica que el seu autor anomenà *aprenentatge automàtic*. Creieu que és complicat ser la darrera persona de peu al Fortnite? Doncs bé, calgué esperar fins a l'any 1994 per a veure com el programa Chinook guanyava el campió de dames de l'època! A partir de l'any 1994, el creador de Chinook, Jonathan Schaeffer, va decidir dedicar-se a resoldre completament el problema del joc de dames, fins que l'any 2007 va poder concloure, juntament amb altres autors, que les taules són el resultat final en qualsevol partida de dames en la qual els jugadors mouen les fitxes de manera perfecta (Schaeffer, 2007). Per cert, si teniu curiositat per a jugar contra el programa Chinook, podeu fer-ho ací.[7]

I què va ocórrer amb els escacs? Aproximadament cinquanta anys després que Turing dissenyà el primer joc d'escacs per a ordinador, el Deeper Blue va derrotar el campió

7. http://webdocs.cs.ualberta.ca/~chinook/.

mundial d'escacs Kasparov. En defensa de Kasparov, cal dir que els xips del Deeper Blue són capaços de processar doscents milions de posicions... per segon! Tal com el mateix Kasparov va rondinar després de perdre, la quantitat es va tornar qualitat.

Si bé les dames i els escacs són jocs d'estratègia que resulten ben senzills si es comparen amb el joc Go, fins al punt que, després de veure com les màquines guanyaven els especialistes en dames i escacs, es van creure necessàries dècades per a dissenyar algorismes capaços de guanyar als especialistes en Go. No obstant això, l'any 2015 l'equip Google DeepMind va presentar l'AlphaGo, un programa capaç, efectivament, de derrotar els experts en aquest joc d'estratègia endimoniat. Per a dissenyar l'AlphaGo s'han utilitzat des d'algorismes clàssics fins a tècniques recents en xarxes neuronals artificials.

Capítol 3: Tenim algunes sèries que podrien agradar-te

«Benvinguts al costat bo!»
THE GOOD PLACE

La ciència-ficció, literària, cinematogràfica i recentment a través de les sèries, ha esdevingut un dels terrenys més aclaridors i privilegiats de les repercussions de la IA en el món actual per mitjà dels referents ideològics que es generen de manera no del tot explícita o inconscient. Per la nostra part, com que no tenim por de la competència, en aquest capítol analitzem algunes de les sèries i pel·lícules sobre la IA amb més repercussió.

Aquestes ficcions audiovisuals dibuixen una visió de la IA que oscil·la entre el tremendisme catastrofista i la utopia social més idíl·lica, amb pocs matisos i molts negres i blancs. Així doncs, trobem d'una banda els qui consideren que la IA forta acabarà desenvolupant una singularitat tecnològica molt perillosa per als humans, i que pronostiquen el final de la humanitat en mans d'una IA que ens exterminarà. I de l'altra, trobem els optimistes, que defensen que les màquines seran fàcilment controlables en la mesura que són una creació nostra i sabrem com aturar-les quan calga. Segons aquests últims, caminarem cap a una simbiosi entre humans i màquines, cap a un cíborg que portarà a un transhumanisme que ens millorarà.

D'aquesta manera, entre els qui creuen en la imminent arribada d'una singularitat tecnològica, uns tracen un món utòpic en el qual els aspectes mèdics, socials i educatius han sofert unes transformacions impressionants que milloren la vida de les persones de manera habitual: des de robots que operen de manera més precisa que qualsevol mà humana, fins a metodologies didàctiques que guien de manera personal l'aprenentatge de l'alumnat. I en aquest sentit presenten els seus beneficis de manera inevitable i desitjable. Però de seguida, a l'altre bàndol, els pessimistes d'aquests protocols d'actuació automatitzats responen amb exemples del món militar, assistencial o d'ocupació del temps lliure, i aleshores els exemples posen els pèls de punta, amb armes autònomes capaces de definir els seus objectius de manera independent, o la suplantació de la figura paterna per robots que conten contes i distrauen els menuts de manera amena i encisadora.

Tot i que no ens agradaria que el vostre interés per la IA disminuïra, la nostra no és una sèrie de ficció. I la realitat és, si més no, menys cinematogràfica, ja que la majoria dels experts es mostren escèptics d'aquesta singularitat: no creuen en l'explosió d'aquesta a curt termini i situen algunes de les prediccions que hem descrit com més pròximes a la ciència-ficció que a la realitat. Realment, aquesta disputa és difícil de resoldre si no atenem a una bona definició d'IA i ens valem de categories com les que hem definit en el capítol 1.

Amb tot, la ciència-ficció ofereix un meravellós escenari per a debatre possibles usos (bons i dolents) de la tecnologia, perquè s'anticipa a problemes que encara no s'han formulat i proposa maneres de solucionar els dilemes que planteja, a més que afavoreix la implicació de la societat civil no experta en la configuració de la IA. A més, la ciència-ficció aporta una visió de la IA a un públic més ample, i ho fa de manera lúdica i, alhora, sense renunciar a la profunditat i imaginació pròpies del gènere. Aquest és un factor fonamental que necessitem per a encarrilar el progrés de la IA de manera adient; això és, el de la formació de la ciutadania i l'educació en diferents aspectes i aplicacions dels nous artificis intel·ligents. És per tot això que volem repassar algunes d'aquestes obres des d'una perspectiva crítica amb els seus plantejaments, ben fonamentada teòricament i conceptual, per tal d'omplir de grisos un tema com el de la IA que normalment se simplifica de manera massa esquemàtica. I ho fem també amb l'«entreteniment» audiovisual preferit (almenys pels més joves): és a dir, comencem per les sèries.

Robots amb lliure albir

Els robots de la sèrie *Westworld*, produïda per HBO, comparteixen l'amabilitat i eficiència prou típiques de les creacions artificials en l'àmbit de la ciència-ficció, així com les seues limitacions. No obstant això, després d'uns quants giravolts argumentals en les diferents temporades estrenades, els robots acaben per reproduir una intel·ligència equivalent a la humana. En aquest cas, el creador de l'esgarrifós parc d'atraccions ambientat a l'Oest americà, Ford, personatge interpretat per Anthony Hopkins i que representa una mena de déu informàtic ben en sintonia amb l'actual concepció mitològica del que seria el creador suprem en temps de la IA, ha aconseguit reproduir l'actuació humana en criatures artificials, si bé després d'algunes modificacions en l'algorisme inicial.

En un primer moment, només es poden veure criatures artificials amb aparença humana, encara que sense capacitat de sentir, ni de recordar, ni de decidir, perquè se'ls esborra la memòria cada nit, després d'un dia en què han patit tota classe de vexacions i humiliacions. Aquest *reset* els impedeix adquirir el lliure albir i converteix aquestes creacions amb aparença humana en simples màquines automàtiques, assegurant-ne l'obediència i la funcionalitat. Ara bé, ja imaginareu l'espectacle dantesc que pinta el comportament dels visitants humans pel fet de tenir carta blanca en l'actuació i el tracte amb els autòmats. Més endavant, Ford, el creador del parc, implementa una nova línia en l'algorisme de funcionament que atorga autoconsciència i capacitat de decisió a alguns dels robots. Així doncs, en aquest cas els guionistes de la sèrie barregen de manera conscient la IA forta i la dèbil, fet que genera en l'espectador una confusió que sens dubte afavoreix l'interés i l'atracció per la sèrie, tot i que dificulta la comprensió del funcionament de la IA, en la mesura que l'autoconsciència d'una màquina no tindria molt a veure amb la IA dèbil amb la qual es presenten els robots a l'inici de la sèrie. Així, ens trobem amb un salt que no s'acaba de comprendre des d'una perspectiva crítica.

Per més que cada personatge del parc exerceix correctament una funció concreta (amb una forta escletxa de gènere: bandoler, xèrif, filla, pare, cambrer, prostituta, etc.) i, per tant, porta implementades unes actuacions concretes i una intel·ligència específica, la seua interacció s'assembla més a la conducta intel·ligent humana, o almenys a una intel·ligència general. A més, aquests robots es converteixen en objecte de totes les violències imaginables per part dels humans que acudeixen al parc a divertir-se. L'empatia està aconseguida, però la concepció de les capacitats de la IA resulta totalment confosa.

Altrament, la sèrie evoluciona encara més, i amb ella els seus personatges principals, Dolores Abernathy, Maeve o el mateix home de negre que acaba provocant el desconcert respecte de la seua naturalesa. Els líders dels robots han generat l'autoconsciència gràcies a una línia de l'algorisme implementat per Ford, i en conseqüència aquests donen el salt del pur determinisme al lliure albir i es converteixen en humans en la pràctica. La confusió i el desordre s'apropien del guió, ja que un instrument que havia sorgit amb una funció concreta, a causa de la implementació d'una IA dèbil, esdevé la reproducció més perfecta d'una intel·ligència humana. La comunitat experta en el tema no compartiria aquesta argumentació que desenvolupa la sèrie, mentre que el públic en general assimila una visió de la IA catastrofista i apocalíptica, oblidant que són justament els desenvolupaments més recents en IA dèbil els que més influeixen en la seua vida de manera quotidiana. Amb tot, la possibilitat d'una generació superior de robots dotats amb una IA forta ens permet imaginar com podrien ser en un futur les relacions entre els humans i les màquines.

La temporada més recent encara va més enllà i dibuixa una lluita entre autòmats i humans en la qual els robots lluiten per alliberar la humanitat des de la superioritat que els proporciona una visió total del transcurs de la història. Com tota bona ficció, la sèrie ens planteja un dilema ètic impossible en l'actualitat però imaginable en un futur, i ens obliga a pensar sobre el que volem aconseguir amb els nous enginys d'IA i quina serà o podrà ser la nostra relació amb ells.

L'espill trencat

L'altra sèrie que creiem força influent en aquesta formació d'una concepció de la IA mitificada per part del gran públic és *Black Mirror*, de Netflix. Un capítol interactiu que suggereix un control de la IA sobre la mateixa generació de continguts de les sèries de ficció, com una metàfora del poder que tenen els algorismes sobre els gustos dels espectadors, i una cinquena temporada amb més desenvolupaments de la IA aplicats a la societat són les darreres novetats de la sèrie. Anem, però, a poc a poc: *Black Mirror* suggereix temes ben interessants.

El cert és que aquesta sèrie, per la diversitat temàtica i argumental dels capítols que presenta, sense cap continuïtat més que la coincidència tecnològica dels guions, aporta una visió molt ampla de les repercussions socials que té o podria tenir la IA a la societat actual i del futur. Això sí, trobem que les diferents històries són més encertades com més atentes a la política, la moral o la convivència se situen, mentre que perden força quan tracten d'endinsar-se més en el desplegament futur de la IA. De fet, el capítol més desafortunat és, possiblement, el primer de la quarta temporada, titulat «USS Callister», en el qual una nau interestel·lar descobreix que no és més que un reflex digital d'una IA superior. Els personatges, simples algorismes del sistema, acaben generant l'autoconsciència i la capacitat d'elecció personal, alliberant-se del poder de l'algorisme. Aquest és un altre exemple d'una concepció forta de la IA que apareix simplement com una conseqüència d'una IA molt especialitzada, però dèbil en qualsevol cas. Una vegada més, la ficció de les sèries simplifica i distorsiona el que seria una superació dels obstacles que impedeixen actualment l'assoliment d'una IA general o forta. I qui sap si aquests són fins i tot irresolubles.

En canvi, altres capítols reflexionen sobre l'ús que faria una societat com la nostra de determinats dispositius intel·ligents que posarien al nostre abast un poder augmentat. En altres paraules, aquests dispositius serien manifestacions d'una IA dèbil molt desenvolupada. Un bon exemple d'aquests seria el cas dels gossos assassins del capítol 5 de la quarta temporada, «Cap de metall», que representen a la perfecció el que pot suposar l'arribada de la IA al món de l'armament i el control; i ens mostren com aquests dispositius (que existeixen actualment, si bé en versions més senzilles) decidirien atacs, objectius i fins i tot l'eliminació física de persones. La reflexió en aquest cas coincideix amb la comunitat científica: no podem deixar la presa de decisions exclusivament en mans «artificials», hem de situar en mans humanes el control de la decisió final dels dispositius.

Altrament, el capítol 3 de la primera temporada de *Black Mirror*, «Tota la història», planteja la possibilitat d'implantar un dispositiu al cervell que permeta emmagatzemar tota la informació que ens aporten els nostres sentits, com en una mena de pel·lícula total de la nostra vida, o com una espècie de «Funes, el memorioso» de Borges. Tal com ocorre en el cas de Funes, la memòria total esdevé un malson, i la implementació d'un dispositiu d'IA per a augmentar una capacitat de la nostra ment no transforma el funcionament habitual de la memòria que potencia, sinó que més aviat l'esbiaixa. Aquestes revisions i reinterpretacions dels records emmagatzemats estimulen els sentiments existents, com ara la gelosia, la desconfiança i la frustració, i acaben per motivar un desenllaç fatal. La reflexió sembla recordar-nos que les capacitats intel·lectuals humanes tenen unes limitacions que no milloren amb la mera implementació de dispositius d'una IA dèbil, sinó que si perseguim una millora de les nostres experiències, necessitem una comprensió més humana i integral dels nostres anhels, desitjos i aspiracions.

Una situació semblant es presenta en el primer capítol de la tercera temporada, titulat «Caiguda en picat», on una aplicació social que valora contínuament la nostra popularitat es converteix en una mena de reputació social, que serveix per a accedir a determinats estatuts i avantatges. Al final del capítol, la protagonista també es veu superada per una aplicació que, en un principi, semblava dominar i que volia utilitzar per aconseguir avantatges materials, tot i que acaba esgarrant-la i convertint-la en una escòria humana. D'alguna manera, en tots aquests casos s'entreveu la metàfora d'un Prometeu que és atrapat amb les mans en el foc i castigat pels déus per la seua prepotència. El mateix ocorre amb «Torne de seguida», el primer capítol de la segona temporada, on una empresa ofereix als seus clients la possibilitat de ressuscitar la persona estimada a partir de la petjada digital que ha deixat a internet. L'empresa recopila tota la informació i l'organitza per pautes d'actuació i resposta a través d'algorismes que implementa en un cos replicat com el de la persona desapareguda. El resultat és similar al cas de Vlahos, que exposarem més avall, on la frustració i l'esgotament de les opcions sempre limitades acaben per fer insatisfactòria i contraproduent l'andròmina digital.

La sèrie *Black Mirror* indaga també conseqüències polítiques en «L'himne nacional» i «El moment Waldo», on la IA no és la responsable dels usos perversos de les aplicacions intel·ligents, sinó que són la mateixa ambició i enveja humana les que corrompen mecanismes ideats amb l'objectiu de facilitar la comunicació. Així mateix, es reflexiona sobre la justícia en el capítol titulat «Os blanc», on la justícia es converteix en un *reality show* públic que sanciona els acusats per aclamació popular i escarni públic. El perill de fer justícia o política amb un «m'agrada» s'assenyala com una de les principals conseqüències de l'auge de les xarxes socials, i una cosa semblant hem vist recentment amb els casos de Cambridge Analytica, l'elecció de Trump i Bolsonaro o la campanya de Vox.

Netflix marca la tendència

La primera pel·lícula de *Black Mirror* es titula *Bandersnatch*, i s'ha convertit sense cap dubte en una espècie d'espill dels efectes de la IA que aplica la mateixa plataforma Netflix sobre els gustos i les preferències dels espectadors. La pel·lícula està estructurada com una història múltiple que troba el sentit en l'elecció de l'espectador. Sembla que triem el desenvolupament i les decisions del personatge principal, Robin, qui al seu temps creu que està programant les possibilitats infinites d'un joc que ell mateix ha creat, si bé en una de les escenes intuïm que en realitat és Netflix, la productora, qui guia la vida de Robin en la història, així com les nostres eleccions aparentment lliures. D'alguna manera és una metàfora del poder que ha exercit Netflix a través del seu algorisme de selecció i recomanació sobre els hàbits dels espectadors. El control digital que exerceix la companyia sobre el rastre digital que deixem en la navegació per la plataforma li permet conéixer les nostres preferències i guiar-les d'acord amb els gustos que mostrem. En últim terme, l'algorisme retroalimenta les decisions que prenem i, al mateix temps, les dirigeix, en un exemple de la capacitat que poden tenir algunes aplicacions de la IA dèbil sobre la nostra vida, fins i tot sobre aspectes tan personals com els gustos culturals i hàbits de consum.

El fet és que el cas de Netflix exemplifica a la perfecció la nova manera de procedir que les empreses tecnològiques com Google, Facebook o Amazon duen a terme per tal de dirigir el seu negoci empresarial i que la mateixa productora audiovisual denuncia en el documental *The social dilemma*.[8] Un cas ben intel·ligent de crítica a les «altres» xarxes socials per a amagar les pròpies pràctiques. Netflix va iniciar el seu camí proveint vídeos a domicili i, ben aviat, va començar a fer el mateix però per *streaming*. Així doncs, en un primer moment aquesta empresa va intentar endevinar els gustos dels seus usuaris a través d'enquestes sobre preferències. Encara més, l'any 2006 va convocar una competició premiada amb un milió de dòlars, el Netflix Prize, amb l'objectiu de trobar un algorisme de recomanació de pel·lícules i sèries que perfeccionara el seu en un 10%, com a mínim. El més curiós d'aquesta competició va ser que, una vegada lliurat el premi, l'algorisme guanyador mai no va ser utilitzat per la companyia. I és que el volum de dades que acumulava dia rere dia de manera directa amb els hàbits dels seus usuaris era molt més efectiu. L'algorisme de preferències expressades va ser substituït per un algorisme de tria directa i les recomanacions generals es van convertir en un Netflix personalitzat, un Netflix per cada usuari. El resultat és el que implementa la companyia a hores d'ara i que guia els nostres gustos en funció de les tries anteriors, tot i que qualsevol usuari estarà d'acord que no sempre encerta. Si bé de segur que alguna vegada heu pensat que sempre acabeu veient el mateix tipus de sèries i de pel·lícules.

Però, a més d'aquesta aplicació individualitzada, Netflix també recull dades sobre els nostres hàbits de consum cultural, sobre si veiem una sèrie de tirada, si la parem a meitat o si n'interrompem la visió. Amb aquesta informació, la plataforma encarrega les noves produccions i adapta cada vegada més les noves obres als gustos de la seua clientela. L'experiment es va iniciar amb *House of Cards*, producció

8. Jeff Orlowski (dir.), *The social dilemma*, EUA, 2020, distribuïda per Netflix.

estrella de la companyia i per a la qual els seus creadors van tenir carta blanca en la gestació. Sobre aquesta sèrie es van recollir, a més, dades sobre la seua recepció i consum. Posteriorment es va adaptar el màrqueting de presentació, del qual va fer múltiples espots enfocats a un públic diferenciat.

Netflix és, per tant, un exemple de com es retroalimenten en la pràctica els mecanismes d'una IA dèbil amb els hàbits i consums personals, fins al punt de generar modes i corrents estètics. D'aquesta retroalimentació la pel·lícula de la sèrie *Black Mirror, Bandersnatch,* n'és una mena de frívola paròdia suposadament crítica, malgrat que autocomplaent en la pràctica.

La IA en el cinema de ciència-ficció

Un altre bloc d'influència sobre la visió popular de la IA el constitueixen les pel·lícules clàssiques de la ciència-ficció, com per exemple *2001: Una odissea a l'espai, Blade Runner, Her, Jo robot, Eva* o *Ex Machina,* entre moltes altres. En aquestes pel·lícules els robots generats amb complexos algorismes i tecnologies avançades desenvolupen una intel·ligència complexa i similar a la humana, fins que acaben per rebel·lar-se i enfrontar-se als seus creadors humans.

En general, la ciència-ficció cinematogràfica sol centrar-se en l'advertència del poder que una IA forta tindria sobre la creació d'humanoides amb un nivell d'intel·ligència similar a l'humà. D'aquesta manera, i malgrat que els desenvolupaments recents de la IA no transiten per aquest camí, l'imaginari social s'alimenta d'aquesta visió simplista segons la qual la IA arribarà a simular perfectament la intel·ligència humana en tots els sentits, i fins i tot a superar-la. Aquesta és una de les pors més arrelades que alimenten les produccions de ciència-ficció, que no deixen de ser una reedició del Frankenstein o el modern Prometeu, que Mary Shelley va plantejar al segle XIX. Ara, aquestes reedicions es presenten revisades amb tots els afegits tècnics, que fan més creïble l'amenaça d'una venjança de la tècnica motivada per l'ambició humana de simular el poder dels déus. Aquesta tradició parteix d'una visió tecnòfoba dels desenvolupaments científics que té poc de fonament real, però que alhora oculta els autèntics progressos en les aplicacions de la IA dèbil, i que són els realment perillosos o beneficiosos en funció del control que la societat puga desenvolupar sobre les seues aplicacions.

Al remat, aquest tipus de distopies de ciència-ficció acaben estimulant el malson d'una societat controlada tecnològicament que estimula el secretisme científic o protegeix l'activitat científica d'un control social. L'alarmisme distòpic de la ciència-ficció acaba acomplint la funció contrària a la que volia desenvolupar, perquè distrau la ciutadania dels temes que haurien de ser supervisats i analitzats des d'una instància pública i democràtica. Pel fet de posar l'èmfasi en la generació d'una IA general o forta, capaç fins i tot de dominar-nos i sotmetre'ns, aquesta perspectiva oblida que la dominació de la qual adverteix ja es produeix de manera subtil i invisible a través de tots els dispositius que utilitzen la IA dèbil per a funcionar. El poder de la IA és més quotidià i actual, ja que afecta per exemple la cistella de la compra que encarreguem a través d'una plataforma en línia, el servei que contractem de manera digital, l'aplicació de la companyia d'assegurances que ens capta amb els preus baixos o la sol·licitud d'ajudes a una instància oficial. Qüestions que no justifiquen l'argument d'una pel·lícula de ciència-ficció, però que estan ben presents en els xicotets detalls que configuren la nostra vida.

Amb tot plegat, cal dir també que el cinema ha proposat qüestions que han permés anticipar situacions que s'han produït posteriorment o es produiran en un futur indefinit. N'és un bon exemple *Her*. La pel·lícula anuncia un idil·li romàntic amb un assistent virtual, de manera que anticipa les relacions entre humans i robots i la possibilitat d'enamorament, situació similar a la proposada en el film *Tamaño natural* de Berlanga, en la qual, sense fer menció explícita a la IA, es produeix una relació amorosa amb una nina sexual. *Her* va més enllà i, després de desvetllar a Theodor la seua naturalesa, òbvia d'altra banda, provoca un canvi personal en el protagonista que l'ajuda a superar els seus bloquejos emocionals. Podria ser un exemple del potencial sanador de la IA ben aplicada i controlada sota supervisió mèdica o familiar en casos que expliquem més endavant, com ara assistents personals, sexualitats no autoritzades o carències emocionals.

Eva, una pel·lícula de Kike Maíllo, indaga en la possibilitat d'implementar l'emocionalitat en un robot animat gràcies a la IA i explora les contradiccions i dilemes que això comportaria, els límits morals amb què ens trobaríem si una criatura així fora possible i les conseqüències, probablement fatals, que podrien generar. En resum, el tema principal del film és l'efecte que podria tenir sobre les persones desenvolupar robots amb aspecte humà. En un principi, aquestes persones generen rebuig, encara que una identificació excessiva podria generar sentiments i emocions complexes que capgirarien les relacions amb les màquines. El fet d'arribar a implementar l'emocionalitat en els dispositius d'IA és un altre dels objectius d'investigació que, de moment, es troben lluny d'aconseguir-se, però, en cas que es fera realitat, transformaria les relacions humans-màquines i hauríem d'estar-hi preparats.

La possibilitat de crear robots sexuals, que tractarem més avall, ja s'anuncia en la pel·lícula d'Alex Garland *Ex Machina*. El film indaga, en aquesta relació entre robots i humans, els límits ètics i sexuals que haurien de plantejar-se i les conseqüències en què desembocarien. Però *Ex Machina* va més enllà, perquè l'element que suposa la IA aporta complexitat a la relació entre humà i màquina de tal manera que Ava, la robot en proves de Nathan, acaba seduint Caleb per tal que l'ajude a escapar. La pel·lícula planteja la possibilitat que una IA superior poguera enganyar els humans, en la mesura que els coneixeria gràcies a la gestió de dades que se li encomana, per tal d'independitzar-se del control al qual està sotmesa. Aquest és un dels avisos que els principals tecnòfobs destaquen sobre els perills de desenvolupar una IA forta que podria escapar del control humà aprofitant les debilitats dels seus creadors. Altrament, Ava és també una robot humanitzada extremadament sexualitzada pel que fa a l'aspecte físic, extrem que posa en evidència la implicació d'estereotips de gènere en els desenvolupaments de robots en el context de la IA.

Els robots dotats d'una IA forta i autoconsciència són plantejats de manera magistral en *Jo robot* i *Blade Runner,* d'Alex Proyas i Ridley Scott, respectivament. Els perills de crear criatures artificials dotades d'intel·ligència es veu clarament representada en els replicants de *Blade Runner,* pel·lícula que planteja la qüestió de si seria convenient desenvolupar un antropomorfisme extremadament fidel a l'aspecte humà. Així mateix, les dificultats per a identificar els replicants amplien les dificultats del test de Turing i plantegen els límits en la utilització d'enginys de la IA que puguen simular humans.

HAL 9000, el robot descontrolat de *2001: Una odissea a l'espai,* és un altre toc d'atenció sobre una IA descontrolada i autònoma. Aquesta història mostra les pors dels tecnòfobs i anuncia un futur negre per a la humanitat si permetem que els enginys d'IA facen el salt al món real amb una autonomia que, des de la pel·lícula, es critica. Cal recordar que el debat sobre si hem de permetre actuar sense control els algorismes de la IA continua vigent a hores d'ara, i l'heterogeneïtat de les opinions al respecte no auguren una solució a curt termini, de manera que les lleis del mercat acaben per posicionar la balança a favor dels qui es posicionen en contra d'un control sever de les manifestacions de la IA.

La llista de pel·lícules seria interminable, però nosaltres només hem volgut oferir una visió general que mostra fins a quin punt el cinema de ciència-ficció provoca un sentiment d'inquietud sobre el futur amb intel·ligències artificials, i no entra en el debat més actual de la utilització de les aplicacions actuals de la IA. Ara bé, és ben cert que el cinema, com la literatura i les sèries, tenen una funció diferent: a més de distraure, també són un bon banc de proves sobre situacions futures hipotètiques, impossibles de moment.

Capítol 4: Ho afegim a la cistella?

«Les vam anomenar *Armes de Destrucció Matemàtica (ADM).*»

CATHY O'NEILL

Malgrat la visió negativa que mostra la ciència-ficció, amb un predomini d'una IA general (o fins i tot una IA forta) que es converteix en dominadora del món i de la vida humana, la realitat és que la dèbil, l'única existent, és la IA que té repercussions per a la vida i l'organització social de manera directa. La implementació d'algorismes per a seleccionar personal, detectar malalties, assignar ajudes socials, triar amistats i amors o fer una comanda al supermercat tenen una incidència real sobre la nostra convivència i llaços socials. Ara bé, totes aquestes aplicacions de la IA estan amagades sota una necessitat d'eficiència econòmica i una façana d'imparcialitat que les converteixen en més perilloses socialment que qualsevol gran disseny social que és més visible i controlable políticament.

Altrament, l'ús quotidià d'artificis intel·ligents, que s'ha estés i democratitzat als països amb més recursos econòmics, ha transformat la perícia de la ciutadania en el maneig d'aquestes tecnologies, encara que la comprensió de les repercussions ètiques d'aquests enginys no ha crescut al mateix ritme, generalment per dues raons. D'una banda, identificar l'impacte i les conseqüències actuals i potencials d'un artifici amb IA és una tasca ben complicada a causa de diversos motius (per exemple, la identificació de biaixos en el disseny i la configuració d'un algorisme requereix en alguns casos d'estudis a llarg termini, en altres casos, sobretot quan s'utilitzen tècniques d'aprenentatge automàtic, la manca de transparència del disseny de l'algorisme dificulta aquesta tasca, etc.). De l'altra, en general l'arribada de la IA no ha estat acompanyada d'una educació sobre els perills i les repercussions d'aquests artificis.

Recentment, alguns treballs acadèmics proposen diferents esquemes per a analitzar aquestes repercussions ètiques de la IA. Així doncs, quan s'analitza un cas particular, en general se sol distingir entre aquells problemes que tenen a veure amb el mateix disseny de l'algorisme (els problemes epistèmics) i aquelles dificultats que sorgeixen a causa de l'acció mateixa de l'enginy (els problemes normatius). En aquest capítol us presentem una sèrie de miniepisodis en els quals us mostrarem exemples d'aplicacions reals de la IA que us sorprendran. Ara bé, i encara que nosaltres analitzarem les dues dimensions mencionades, no pretenem fer una anàlisi acadèmica d'aquests exemples. En qualsevol cas, estem segurs que no podreu posar la pausa al reproductor!

Càstig a la delinqüència

El primer miniepisodi versa sobre lladres (suposats) i policies, això és, un tema que us resultarà ben familiar, si bé nosaltres hi donarem un enfocament diferent del que les produccions nord-americanes ens presenten. Cathy O'Neill ens explica l'entusiasme amb el qual s'ha rebut el nou enginy de la IA aplicat a la seguretat americana, Pred Pol. Aquest algorisme permet seleccionar persones sospitoses basant-se en la gestió de dades massives d'un magatzem recollit a partir d'arxius policials, municipals i de serveis. Amb aquest algorisme la policia coneix els llocs «calents» on ha de reforçar la presència, els col·lectius que acumulen més conflictivitat social i fins i tot l'aspecte físic dels probables delinqüents. Aquest programari no anticipa el delicte ni acusa ningú abans de cometre'l com en la coneguda pel·lícula *Minority report*, però permet concentrar les identificacions, els escorcolls i la vigilància als llocs i entre els col·lectius que previsiblement acumularan més delictes. Amb aquesta vigilància i control la policia estarà més preparada per a evitar el crim i la societat n'eixirà beneficiada, suposadament.

Aquest, però, és un dels casos més clars d'interferència dels prejudicis (racials, econòmics, nacionals...) en el disseny científic d'un mecanisme d'IA. És evident que les dades que aporten resultats a Pred Pol estan viciades de soca-rel, en la mesura que registren punts calents com a causa del delicte, ètnies com a motiu d'actuació o nivell econòmic com a explicació del robatori. Les dades són neutres, encara que el seu tractament no, i en aquest cas donen la volta a la relació causal, perquè podríem afirmar que és justament a l'inrevés, la infracció de la llei per les raons que siga sotmeten un barri, una ètnia o un col·lectiu a la pobresa i la discriminació, la desigualtat de condicions i la injustícia. Perquè l'algorisme interpreta les dades en funció d'un criteri purament funcional, detectar el crim i prevenir-lo abans que succeïsca, sense adonar-se que d'aquesta manera condemna determinats col·lectius a ser el focus de la policia en la cerca i l'anticipació. A més a més, l'algorisme es retroalimenta, aprén dels seus errors... però no per a evitar-los sinó per a accentuar-los. Perquè assenyalant un barri especialment conflictiu concentra les identificacions i escorcolls en aquest barri i, per tant, augmenta la probabilitat de trobar-hi indicis de delicte, mentre disminueix el control en altres, que possiblement tenen un índex de criminalitat més baix, i que continuarà disminuint a força de tornar invisibles els crims que de fet es cometen en aquests barris, que han vist com la vigilància ha disminuït. Així mateix, assenyalar certs barris, classes socials o ètnies envia un missatge als escollits: les vostres formes de vida i identitats són motiu de sospita.

Com ja és habitual, el resultat d'aquest sistema de prevenció i control de la delinqüència es presenta com un sistema científic, net i imparcial, tot i que aquest no és cap altre que la criminalització de la pobresa, de les ètnies marginades i de l'extracció social més baixa: és a dir, més injustícia i desigualtat. Potser les intencions de les autoritats polítiques i de seguretat americanes són bones, no ho dubtem, i com en aquelles sèries d'acció americanes que heu vist només pretenen protegir la ciutadania dels perills de la delinqüència, però els efectes que produeixen aconsegueixen justament el contrari, perquè provoquen que es retroalimenten les causes d'aquesta i que, per tant, potser a més llarg termini, s'agreuge la situació que es pretén solucionar.

Mestres a examen

Seguint una estratègia similar, la mateixa autora ens explica el cas del professorat del districte de Nova York on els responsables educatius van implementar un sistema d'avaluació de les seues funcions basat en dades massives i IA, i que premiava el millor professorat en funció de dades acumulades al llarg dels seus anys de treball. Us presentem, per tant, un miniepisodi que tracta l'alumnat amb necessitats educatives especials i mestres en dificultats.

Entre les dades utilitzades per a avaluar comptaven els resultats acadèmics de l'alumnat, la continuació dels estudis que feien, l'èxit en la cerca de treball una vegada acabats els estudis, els índexs de conflictivitat, etc. En aquestes dades no es tenien en compte el tipus de centre en què es trobaven, perquè es pretenia trobar un sistema universal que avaluara amb criteris objectius generalitzables.

Els efectes foren desastrosos, segons conta O'Neill, ja que docents bons de zones deprimides econòmicament i socialment van veure rescindit el seu contracte, mentre que d'altres que obtenien bons resultats per raons alienes a la seua funció, com la família de procedència de l'alumnat o l'origen social, es veien promocionats. Altrament, els responsables eren conscients d'aquesta injustícia, però una vegada posat en marxa el sistema era difícil fer excepcions basades en casos qualitatius o personals. Finalment, aquest professorat qualificat i preparat va trobar feina ben aviat en centres privats que valoraven la seua experiència, amb la qual cosa es va produir un transvasament de professionals qualificats de l'àmbit públic al privat.

En aquest cas, va ser el disseny mateix de l'algorisme de selecció el punt que va provocar la discriminació i la injustícia, i es pot al·legar que un bon disseny dels algorismes ajudaria a gestionar dades de manera satisfactòria. Ara bé, és difícil introduir dades qualitatives en un model matemàtic i, quan es fa, necessita supervisió humana, supervisió que en realitat és el que caldria afegir en aquest tipus de seleccions. Hem de pensar en els algorismes com a eines molt útils per a exercir diferents activitats, tot i que no eviten la participació humana. De fet, hauríem d'obligar a la participació humana en els processos de decisió importants.

Jugar amb la mort: el cas de John Vlahos

Aquest miniepisodi us farà potser una mica de por perquè parla de la mort i de la voluntat humana de véncer-la més enllà de les limitacions temporals inherents a la nostra condició, una lluita condemnada al fracàs o a trepitjar determinades línies que alliberen forces ocultes difícils de dominar. James Vlahos és un escriptor nord-americà que al llarg de la seua carrera ha explorat la qüestió de les fronteres tecnològiques referides a assumptes humans de caràcter personal. Per això, quan uns anys enrere el seu pare John Vlahos li anuncià que patia càncer de pulmó i que el pronòstic no era bo, a ell se li va ocórrer la idea de crear un bot conversacional inspirat en la figura del pare per tal de tenir-lo més enllà de la mort.

La idea no va trobar oposició entre la seua família, ja que d'alguna manera la bogeria formava part de la personalitat de John i, per tant, el projecte podria entendre's com una manera de preservar la història personal del malalt.

En resum, el procés de creació va consistir a gravar dotze hores de sessions amb John Vlahos mentre aquest parlava de la seua vida i de tot el que se li acudira i fora important per a ell (interessos, preocupacions, etc.). Després d'això, les sessions es van transcriure en un suport digital i es van penjar a la plataforma per a crear bots de conversa PullString. Finalment, James Vlahos creà un guió per al bot i li ensenyà a escoltar les preguntes que el seu interlocutor li plantejara. Va anomenar Dadbot el bot de conversa i va permetre que funcionara amb el Messenger de Facebook.

Tot i que aquest bot conversacional era capaç de mantenir un diàleg fluid, el mateix autor confessava que no ho feia de manera perfecta. De fet, una de les respostes que va proporcionar a la pregunta de si estimava el seu fill va ser «Ai, t'he trobat a faltar per ací». Respostes com aquesta no van desanimar James a emprar el *bot* conversacional amb freqüència, mentre que la seua mare, la vídua de John, va utilitzar el programa només eventualment. Vlahos admetia que Dadbot no era més que una simplificació de la figura del seu pare, i de vegades li resultava frustrant xatejar, ja que el bot conversacional li recordava prou el seu pare per a adonar-se que aquest ja no era al món. En altres moments, però, espurnes de la personalitat del seu pare esclataven i la calor reconfortant del record era capaç de reconfortar-lo.

Aquesta anècdota guanya interés si tenim en compte que James Vlahos no descarta encara tractar de desenvolupar una aplicació que permeta a tothom tenir l'oportunitat de parlar amb un bot conversacional inspirat en la figura d'algun ésser estimat que haja mort. Tot i que Vlahos anhela el desenvolupament d'una informàtica de veu sense obstacles de cap mena i, de fet, està convençut que aquesta canviarà la forma en què vivim, treballem i pensem, nosaltres en canvi, trobem almenys dues qüestions que s'haurien d'esclarir abans que ens sorprenem en una societat on xerrem amb el nostre besavi sobre els problemes que ens ocasiona l'artritis.

En primer lloc, hem de tenir en compte que les relacions que les cultures del món mantenen amb la mort i el dol solen mostrar almenys un tret comú: hi ha un equilibri feble entre allò que es considera sa o adient (per exemple, recordar el difunt, honrar-lo, creure que, en algun sentit, continua amb nosaltres o fins i tot dedicar-li converses breus i precs) i allò que es considera nociu (com ara no eixir mai de l'etapa de la negació de la mort i creure així que la persona encara és viva). Vlahos nega aquest perill, afirma que té ben clar que Dadbot no és el seu pare, tot i que també admet que no té clar si el programa ajuda o perjudica el procés de dol. Igualment, creiem que ací hi ha una fallada de perspectiva. Dadbot, que és un altre resultat d'una IA dèbil, sembla no amenaçar la complexitat de la bellesa que representa la personalitat d'un ésser humà. No obstant això, què ocorreria amb un bot conversacional amb qui no tinguérem forma de saber si parlem amb un programa o amb la persona difunta? Més encara, què ocorreria si existira un bot així en una societat on la IA forta fora una realitat? Quina relació tindríem amb la mort (i, per tant, amb la vida) en un món on clons de les persones que més estimem poblaren els carrers?

Finalment, ens trobem amb el problema del consentiment, perquè aquesta situació no és comparable al dilema de si deixem en herència al nostre amant la casa a la platja, ara es tracta d'un compromís per l'eternitat. El fet d'haver estimat una persona els últims quinze anys de la nostra vida és suficient perquè el nostre jo futur l'estime per sempre? O imaginem que morim i el nostre bot conversacional decideix ser cruel amb la nostra millor amiga. Deixaríem en mans d'un algorisme la decisió de macular el nostre record? Amb quines condicions i en quin context hauríem d'acceptar el consentiment d'una persona per a dissenyar un bot que la imitara? Podria decidir-ho una persona menor d'edat? I una persona amb una malaltia letal que faria qualsevol cosa per a pal·liar el dolor dels éssers que estima?[9]

9. Altres programes relacionats, com per exemple SafeBeyond o Legacy Locker, no plantegen aquests problemes.

Com podeu apreciar, aquest episodi podria tenir un *spin-off* apassionant...

Decidir és qüestió de milions... de dòlars

El següent minicapítol té a veure amb els algorismes d'inversió, que apareixen a finals del segle passat amb les operacions borsàries. El fenomen conegut com HFT ('negociació d'alta freqüència' en anglés) va aconseguir acumular milions de dades sobre el comportament dels mercats i preparar i decidir inversions i desinversions de milions d'euros en qüestió de segons. En un mateix dia es compraven i venien accions d'una companyia que mostrava les seues cartes amb compres unflades i es rendibilitzaven inversions d'una manera molt ràpida i efectiva. Aquests algorismes ja han generat més d'un terrabastall a les borses mundials en la mesura que són molt sensibles al pànic borsari, possiblement més que els humans, i que, de vegades, no comprenen el sentit simbòlic d'algunes accions. Per exemple, l'1 d'agost de 2012 la companyia americana Knight Capital va perdre 440 milions de dòlars en quaranta-cinc minuts per la implementació d'un programari que no estava verificat;[10] o el 6 de maig de 2010 les accions de Procter & Gamble van oscil·lar entre un centau i cent mil dòlars durant mitja hora generant un pànic borsari conegut com la «fallida instantània»,[11] tot i que l'algorisme entenia que un centau era un valor real.

En realitat aquests algorismes no fan més que repetir comportaments passats que solen estar motivats per moviments molt grans de capital, que ben controlats poden ser manipulats per a obtenir beneficis fàcils i ràpids. El seu joc consisteix a controlar el temps i la gestió monumental

10. https://dealbook.nytimes.com/2012/08/02/knight-capital-says-trading-mishap-cost-it-440-million.

11. https://www.sec.gov/news/studies/2010/marketevents-report.pdf.

de dades, empresa impossible per a la ment humana en tan poc de temps. És cert que aquests algorismes poden ser corregits i previnguts de decisions impulsives, però aleshores perden la rapidesa en què basen l'eficàcia. En aquest cas es produeix una retroalimentació de dades tòxiques que alimenten respostes del mateix estil i que enquisten el problema principal del moviment de capitals borsaris. Hi ha qui creu que la proposta de Hillary Clinton per a taxar cadascuna d'aquestes operacions, per tal de suavitzar alguns dels seus efectes indesitjables, li va costar les eleccions, ja que va guanyar-se de sobte un grapat d'enemics.

La *selfie* racista

Els àlbums de fotos impreses han estat un element indispensable a les llars durant dècades. Així, els viatges, la infància d'una filla, el casament del nostre millor amic... tots aquests moments quedaven guardats i, a vegades, classificats en distints àlbums. Ara bé, la tasca no era immediata: calia revelar les fotos, ordenar-les, classificar-les, tenir en compte l'espai disponible de l'àlbum, etc. Amb l'arribada dels ordinadors, a poc a poc les fotos van començar a emmagatzemar-se digitalment, en part també perquè nous dispositius electrònics ens ho van permetre de mica en mica. De fet, és possible que vosaltres ja no tingueu cap àlbum d'aquest tipus, però de segur que si viviu amb persones més grans, en trobareu algun després d'una cerca pels calaixos d'algun moble de casa. En qualsevol cas, sembla que ara guardem les nostres fotos digitalment, tot i que ordenar-les i categoritzar-les ja depén de la voluntat pròpia.

Com ja sabreu, el reconeixement facial i l'anàlisi d'imatges ha estat una de les fites recents de la IA, i Google no va trigar molt a aprofitar aquests avenços per ajudar-nos en aquesta tasca, de vegades avorrida, d'ordenar i classificar les nostres fotos (i categoritzar així els nostres records). En efecte, l'any 2015 es va presentar Google Photos, una aplicació per a classificar automàticament les fotos dels seus usuaris d'acord amb etiquetes del tipus «paisatge», «persones», «edificis», etc. Google Photos utilitza un sofisticat programari de reconeixement facial per a identificar no només individus, sinó també categories específiques d'objectes i tipus de fotografies. La idea és ben senzilla: nosaltres guardem fotos en l'aplicació i, automàticament, trobem, per exemple, un àlbum amb el nom «gats», un altre amb el nom «menjar», etc. Una vegada les fotos estan etiquetades, a més a més, fent una cerca és ben fàcil trobar una foto (per exemple, podrem trobar la foto que vam fer de l'Harpa de Reykjavík fent una cerca del tipus «Islàndia»).

Ben prompte després del llançament al mercat d'aquesta aplicació, un jove d'ètnia negra resident a Brooklyn, Jacky Alciné, va sorprendre's en descobrir que Google Photos havia classificat com a «goril·les» una *selfie* on apareixia una jove, també d'ètnia negra, i ell mateix. Segons aquesta aplicació intel·ligent, una *selfie* de dues persones afroamericanes era una fotografia de dos primats.

Quan els algorismes d'aquest tipus treuen conclusions a partir de les dades que processen mitjançant estadístiques inferencials, tècniques d'aprenentatge automàtic, etc., produeixen un coneixement probable però inevitablement imperfecte. D'aquesta manera, tot i que implícitament, no es requereix infal·libilitat perquè l'algorisme es considere acabat (i, per tant, llest per a un ús general). Reconéixer aquesta limitació i aquest repte epistèmic és important, però no és suficient. S'ha de tenir en compte també l'efecte d'una classificació errònia, s'han d'avaluar no sols els riscs d'equivocar-se (en aquest cas, de classificar incorrectament), sinó també de les repercussions d'un error. En aquest cas és evident que la *selfie* s'ha utilitzat per obtenir una classificació, així que és raonable esperar que la connexió entre les dades (la imatge) i la conclusió (la classificació) siga accessible. Si bé hi ha una dificultat inherent en la interpretació de com contribueixen cadascun dels trets de les dades utilitzades en un algorisme d'aprenentatge automàtic com aquest, seria igualment lícit conéixer sobre les dades que s'utilitzen en l'aplicació (per exemple, en relació amb el seu abast, la procedència de les imatges que s'han utilitzat per a entrenar l'algorisme, la qualitat d'aquestes, etc.). De fet, el mateix Alciné, el jove que va denunciar el cas, va declarar a la BBC el següent: «Tinc algunes preguntes, com ara quin tipus d'imatges i persones es van utilitzar en la preparació inicial que va donar lloc a resultats com aquests». La resposta de Google, per si hi ha cap dubte, mai no va ser clara.

Hem mencionat dues dificultats epistèmiques que aborden la qualitat de les raons produïdes i considerades per l'aplicació, les quals motiven les classificacions presentades per Google Photos. Aquests assumptes, tot i que relacionats amb qüestions ètiques, se centren en l'aplicació mateixa, en el seu disseny. Pel que fa als problemes centrats en l'acció mateixa de l'aplicació trobem, d'una banda, que les accions impulsades per aquests enginys dotats d'IA es poden avaluar d'acord amb nombrosos criteris i principis ètics, als quals ens referim genèricament com a justos o no, dependent de vegades de l'observador de l'acció i els seus efectes. En aquest cas, la classificació és clara i indiscutiblement discriminatòria: s'està mostrant, quasi literalment, que una classe de persones, un grup ja de per si discriminat, és menys humà per als «ulls objectius» d'una màquina. Efectivament, l'algorisme pot crear sense voler una base d'evidències que condueixen a la discriminació o, com en aquest cas, a una classificació racista. El biaix de l'algorisme, en qualsevol cas, pot tenir efectes problemàtics, com el d'agreujar la discriminació i el malestar de la persona o grup discriminats. D'altra banda, els efectes transformadors de l'aplicació seguirien en la mateixa línia que hem explicat, tot i que potser no són tan presents en aquest exemple, ja que l'ús de l'aplicació és més aviat personal. Ara bé, tot i que en aquest cas la classificació no amaga un fracàs epistèmic, altres classificacions semblants podrien amagar-se rere un aparent punt de vista èticament neutre. Imagineu que l'algorisme classifica qualsevol persona netejant amb una granera com a dona, i ho justifica amb el nombre d'imatges de dones que acompleixen una activitat semblant? Els efectes de l'algorisme serien transformadors en la mesura que motivarien certes accions a un determinat grup de persones, per exemple a la població infantil.

Viatjar i puntuar amb Uber per a X

La història següent tracta dels nous serveis de transport de viatgers engreixats a través d'apps dotades d'IA. De fet, ens trobem amb una situació semblant a l'anterior en considerar l'aplicació Uber per a X, que, a més de gestionar la contractació de serveis, també posa en comunicació clients i proveïdors i estableix un sistema de recompenses virtuals que gratifica els bons conductors. Amb aquesta eina, Uber aconsegueix una selecció de personal gratuïta que mitjança la relació entre client i conductor i que determina la transacció econòmica de manera virtual. Amb aquesta intermediació, Uber no solament regula els intercanvis econòmics pels quals rep el nom, sinó també les relacions personals i ètiques. L'aplicació d'avaluació aconsegueix fer d'alguna manera la distopia del capítol 1 de la tercera temporada de *Black Mirror*, en què una aplicació social valorava la popularitat dels usuaris i els atorgava beneficis. En aquest cas, de manera similar, Uber detecta el comportament dels seus treballadors i treballadores, estableix un sistema de control i de rectificació en la línia de les condicions de la companyia i, al mateix temps, també selecciona els usuaris i els fidelitza si la seua targeta bancària compensa. Aquest és un bon exemple de fins a quin punt l'algorisme modifica l'àmbit en què actua, de com no solament organitza unes dades fredes i estàtiques, sinó que al mateix temps les modifica i les adapta als seus criteris ideològics, imposant l'algorisme com una mediació entre els sentiments i la transacció econòmica. Es tracta d'una adaptació perfecta del mite d'un capitalisme humà que genera emocions en els seus participants i regula l'esfera econòmica amb sentiments de benefici mutu. La realitat, com podem veure, és ben diferent, més aïna un control empresarial sobre el treballador i una influència sobre el consumidor que l'aboca a la dependència emocional cap a un consum econòmic prefixat. L'algorisme al servei del benefici empresarial.

Posa la millor cara, tens entrevista: el cas de HireVue

HireVue és una empresa que ajuda altres empreses amb el procés de contractació laboral. El sistema es podria resumir així: les entrevistes personals es graven en vídeo, amb el que després HireVue utilitza «*IO-science* predictiva i validada»[12] per avaluar els candidats a partir de les gravacions. Per exemple, les expressions facials del candidat i el seu to de veu s'estudien per determinar el lideratge de l'aspirant. Aquest miniepisodi tracta de contractacions automatitzades que, tot i determinar la vida dels aspirants, utilitzen un mètode de selecció dubtós.

Aquesta «innovació» en la disciplina dels recursos humans és, com a mínim, perillosa i discriminatòria. En primer lloc, ni les expressions del rostre ni el to de veu mostren el caràcter i la capacitat de lideratge de ningú. La predicció de les aptituds d'una persona a partir d'aquests factors esmentats no és una ciència i tampoc no comporta cap coneixement científic o, fins i tot, raonable. Aquest pareix ser un cas clar on la IA s'utilitza com a estratègia de

12. https://www.hirevue.com/company/about-us.

màrqueting. Així mateix, cap psicòleg seriós no admetria que pot predir, a partir de la gesticulació facial o el to de veu, si un pacient serà un bon líder. Encara més, tots dos factors depenen, com a mínim, d'una mescla indesxifrable de la genètica, la cultura i l'atzar. Trobem així injustificat l'ús d'aquest mètode. De fet, quina diferència hi ha entre utilitzar aquesta «ciència» per a reclutar un candidat i basar-se en la frenologia per a excloure una persona d'ètnia negra?

En segon lloc, aquesta pràctica sembla obrir la porta a la discriminació. Quina capacitat de lideratge es determinaria per a una persona que pateix la paràlisi de Bell? I per a una persona amb un to de veu diferent de l'habitual, causat pels seus problemes d'audició? O és que hem de creure que no hi ha lloc per a la diferència en l'esfera del lideratge?

Finalment, tenim el problema de l'estatus d'infal·libilitat del qual semblen gaudir pràctiques com aquestes. En efecte, com ja hem esmentat en aquesta primera temporada, en aquest cas les avaluacions d'aquestes estratègies de contractació laboral s'entenen com a objectives i tan certes com el resultat d'un experiment científic fet en un laboratori idíl·lic. Creiem que no hauríem de deixar decisions importants pels humans en mans de les màquines. Entenem que amb HireVue (i amb altres empreses que utilitzen mètodes semblants) la decisió final sempre la prenen humans; és a dir, l'empresa que es troba en període de contractació, de manera que el procés tindria garanties suficients per a aplicar-se. No obstant això, sembla que la proposta de revisió humana no és suficient, perquè, presumiblement, en la pràctica els programes com HireVue serveixen com a filtre per a fer una selecció prèvia. D'aquesta manera, els candidats que no superen la primera fase mai no són avaluats per un ésser humà, amb totes les conseqüències que això pot comportar. Malauradament, aquestes pràctiques no són ciència-ficció: més de set-centes empreses fan ús dels serveis oferts per HireVue, entre les quals es troben, per exemple, Mercedes-Benz o IBM-Watson.

Robojutges al servei de... la justícia artificial

Les sèries de judicis són ben populars i en aquest minicapítol us volem parlar d'unes situacions legals ben discutibles. El tema de la justícia és delicat, i les postures relatives oscil·len entre l'optimisme més entusiasta i la crítica escèptica i desconfiada. El primer afirma que si aconseguim entrenar un sistema de xarxes neuronals profundes amb milers de dades de presos i condemnats per delictes diversos, aquestes xarxes seran capaces de prevenir la reincidència amb més fiabilitat que qualsevol humà, per molt experimentat que estiga, i generar una mena de «robojutges» que aconseguirien aïllar-se dels prejudicis i les arbitrarietats dels jutges humans, sempre sotmesos a les condicions materials i personals. Ara bé, què ocorre si el sistema detecta que l'ètnia i l'origen social estan lligats estadísticament amb els delictes i la reincidència? Doncs que replicarà aquest factor com un dels que provoquen la reincidència, i incorrerà així en una generalització racista que els humans desitjaríem eliminar. De fet, diversos estudis han demostrat un biaix contra els afroamericans d'aquest sistema de prevenció de la reincidència, fet que va motivar protestes i la petició d'eliminació d'aquests sistemes. Tot i això, es continua pensant que aquests sistemes podrien ajudar els jutges humans a decidir, amb la condició que els sistemes d'IA no tingueren l'última paraula en les condemnes. En canvi, altres denuncien clarament aquests mètodes com a discriminatoris en la mesura que tenen pressupostos discriminatoris inserits en el seu mateix funcionament, ja que es basen en dades privades com per exemple les condemnes anteriors, les quals poden estar complertes i prescrites, l'origen social, la nacionalitat, les amistats, etc. Tots aquests factors reprodueixen els mateixos biaixos que, suposadament, volíem eliminar dels jutges humans, sols que a més ara es reprodueixen de manera més obscura i potent, emparats pels sistemes d'IA.

L'algorisme i l'assistència absent: el cas de Tammy Dobbs

Tammy Dobbs és una dona estatunidenca amb paràlisi cerebral. La seua família de Missouri va tenir-ne cura fins que l'any 2008 Dobbs es traslladà a Arkansas, on es va acollir a un programa *Medicaid Waiver*. Aquest programa estatunidenc és una disposició en la llei que permet al govern federal renunciar a les normes i regulacions que solen regir la llei sanitària. La intenció del pla és permetre que els Estats complisquen determinats objectius, tan dispars com per exemple millorar l'atenció a determinats grups de persones necessitades o reduir costos. Com ja intuïu, aquest minicapítol no conta una situació divertida, però les històries tristes també són necessàries de conéixer.

L'any 2008, després de sotmetre's a diverses avaluacions i entrevistes meticuloses, els assessors del programa van decidir que Tammy Dobbs necessitava una cobertura màxima; això és, cinquanta-sis hores setmanals d'atenció al seu domicili. Així, durant anys, el cas de Dobbs es reavaluava periòdicament (com qualsevol altre cas del programa), reavaluacions que no eren un problema perquè, al remat, la condició de Dobbs no podia millorar. Tanmateix, l'any 2016 un assessor arribà al domicili de Tammy i tot va canviar. Com de costum, Dobbs contestà preguntes del tipus «Quanta ajuda necessites per a ficar-te al llit?», etc. El resultat, però, no va ser el mateix que les altres vegades: l'ajuda es va reduir de cinquanta-sis hores setmanals a trenta-dues. I el cas de Tammy no va ser l'únic, ja que centenars de persones amb necessitats especials van veure com de sobte les seues ajudes es reduïen dràsticament. A la indignació de la situació es va afegir el desconcert de no disposar de cap explicació sobre les reavaluacions. Què va ocórrer, doncs? Les avaluacions personals dels assessors s'havien substituït per un algorisme que establia amb «eficiència» el nombre d'hores d'assistència necessàries per un sol·licitant, a partir d'uns seixanta símptomes, descripcions i malalties que determinava el mateix algorisme.

Per descomptat, i com de costum, no hem triat el cas de Tammy Dobbs per atzar. D'una banda, la dificultat d'aquest tipus de casos sembla radicar majoritàriament en l'interés econòmic i, de fet, creiem que en molts casos és així, el lucre disfressat d'eficiència guia el disseny de l'algorisme i acaba per establir uns criteris palmàriament injustos. En aquest cas, però, la decisió sobre l'assistència que havia de rebre Dobbs la va prendre un algorisme dissenyat per l'associació d'investigadors en salut sense ànim de lucre InterRai.[13] Per tant, confiem que, en principi, la intenció dels seus creadors era la d'ajudar les persones amb necessitats especials. Així doncs, aquest cas ens adverteix que no sols s'ha de tenir cura amb el disseny d'un algorisme, sinó que també cal atendre qui en fa ús, a més del seu desenvolupament posterior, determinat en part per les dades recollides en cada aplicació de l'algorisme.

D'altra banda, ens trobem amb la foscor habitual que envolta les decisions preses per algorismes d'aquest tipus. Ni Tammy ni els mateixos assessors del programa *Medicaid Waiver* tenien clar a qui demanar raons de la reducció d'assistència. Per exemple, anys enrere es va establir a Idaho un algorisme per assignar fons d'atenció domiciliària i d'integració comunitària. El 2011, l'algorisme determinà baixades de fins a un 42% en un gran nombre de beneficiaris. Els damnificats van demanar explicacions sobre com s'havien determinat els seus beneficis, però l'Estat es va negar a proporcionar-les, al·ludint al fet que el disseny de l'algorisme era un secret comercial.

Tot i això, podríem fins i tot assumir que les vint pàgines de codi de l'algorisme de l'exemple que treballem amb el cas de Tammy Dobbs foren transparents i ens donaren explicacions de cadascuna de les seues aplicacions,

13. http://www.interrai.org/.

de manera que podríem veure salvat un dels problemes del cas. I, no obstant això, fins i tot en aquests casos és legítim qüestionar la transparència del procés, ja que ens queda l'interrogant de fins a quin punt les persones que fan ús de les interfícies i els processos de l'algorisme, generalment persones grans i/o amb discapacitats, comprenen i estan realment preparades per a moure's en aquests contextos. És perjudicada una persona de noranta anys si se substitueix una entrevista personal per un procediment virtual a l'hora de determinar l'assistència que rebrà?

Així mateix, des de la política s'argumentarà també que l'augment de l'esperança de vida (juntament amb les necessitats assistencials consegüents) i la limitació dels recursos ens obliga a prendre decisions que agiliten i abaratisquen aquests tipus de serveis; en resum, que s'ha d'«evolucionar». La sensació, però, és que amb aquests algorismes el repartiment no és tan just com ho era al procés anterior, i aleshores ens queda la idea que sols es tracta d'utilitzar els avenços tecnològics per a justificar les involucions en l'àmbit social. Finalment, aquest exemple mostra una vegada més el poder màgic que s'atribueix l'algorisme a la nostra època, del qual ja hem parlat en algun moment d'aquesta temporada. En efecte, un portaveu del govern d'Arkansas declarà que «sabíem que hi haurà canvis per a alguns individus perquè, de nou, aquesta avaluació és molt més objectiva [que l'anterior]». És a dir, ni tan sols deixant de costat l'«argument» econòmic sobre la necessitat d'automatitzar aquests processos hauríem d'abandonar aquesta estratègia, perquè la IA ens salvarà de l'arbitrarietat pròpia dels imperfectes assistents socials humans.

Tammy Dobbs necessita ajuda per a alçar-se del llit, per a ficar-se al llit, per a menjar-se una poma, per a anar al bany i per a eixir al carrer. L'objectivitat de la IA determina que trenta-dues hores d'assistència setmanals són suficients perquè Tammy tinga una vida digna, malgrat les queixes de la perjudicada. Una setmana es compon de cent seixanta-vuit hores.

Armament intel·ligent

Us agraden les sèries de guerra? Ací teniu un xicotet tast d'un possible futur no molt llunyà. Potser l'aplicació militar de la IA és la que genera un consens més gran al seu voltant. En efecte, la major part dels investigadors mostren molta preocupació per la possibilitat d'aplicar mecanismes d'IA a l'armament militar. De fet, la majoria d'aquests dispositius, com ara míssils, drons o armament en general, ja incorporen aquests sistemes per a detectar objectius, repel·lir atacs o dirigir exploracions, tot i que la majoria es troben sota supervisió humana directa... de moment. Perquè aquesta és una de les principals pors que s'expressen en aquest tema de la IA: és a dir, la possibilitat d'un funcionament autònom per part d'un armament, robots soldats, míssils autònoms o rastrejadors humans, que podrien ser letals en cas d'errades o d'objectius poc respectuosos amb els drets humans. De moment, aquest armament «intel·ligent» s'ha utilitzat més per a blanquejar els efectes de la destrucció, com en la guerra de l'Iraq, que per a constituir un exèrcit autònom real, encara que la possibilitat posa els pèls de punta. Potser per això la comunitat de científics de la IA ha publicat un manifest[14] en el qual alerten dels perills de la carrera armamentista.

Els robots són més eficients

L'aplicació de la IA al camp laboral és una altra de les que genera moltes preocupacions entre la població en general i sobre el jovent en particular, per això l'argument que us contem en aquest miniepisodi de segur que us interessarà. En principi, sembla que la substitució per part d'autòmats de molts llocs de treball ara coberts per persones pot provocar un augment de l'atur, sobretot entre els oficis menys qualifi-

14. https://futureoflife.org/open-letter-autonomous-weapons/.

cats. De fet, els estudis apunten als llocs de treball més mecànics i automatitzables com els primers que seran substituïts per robots. Per això de segur que us resulta familiar aquell consell sobre triar professions en les quals el factor personal intervinga de manera directa, ja que són les menys substituïbles per màquines. Al mateix temps, els estudis apunten al fet que la implementació d'IA al món empresarial porta a un augment de les desigualtats. En primer lloc, perquè provoquen més desocupació entre les professions menys qualificades, i per tant, menys remunerades. En segon lloc, perquè l'augment de la plusvàlua que provoca la mecanització dels processos industrials ha augmentat les rendes empresarials i no les del treball. I en tercer lloc, perquè aquesta economia digital beneficia sobretot les superestrelles de l'empresariat com Zuckerberg o Elon Musk i altres personatges famosos com J.K. Rowling o Cristiano Ronaldo, i no tant l'equip bàsic que el sustenta. Encara més, tal com hem vist en els casos dels conductors d'Uber i Cabify, els repartidors d'Amazon i Glovo i la deslocalització al tercer món dels obrers de Nike o Adidas, la primera conseqüència de la introducció de la IA en la producció empresarial ha estat un augment de les desigualtats i la pauperització de la classe treballadora. Més enllà de les propostes d'una renda bàsica universal o d'un millor repartiment de la riquesa generada per la introducció de la IA en el procés productiu, els primers resultats no són gens encoratjadors.

L'augment de les tecnologies i l'evolució de la IA redueixen els costos que tradicionalment han mantingut la diversitat dels sistemes econòmics. Els avenços tecnològics permeten encara més que uns pocs proveïdors acaparen la totalitat dels negocis, amb la qual cosa la desitjada distribució de riquesa acaba per concentrar-se en mans dels qui controlen la tecnologia. La política, que hauria d'actuar en contra d'aquesta focalització de la riquesa, s'ha tornat més prompte una aliada i defensora d'aquest model, i l'estat de benestar ressona de mica en mica com una conquesta passada que mai no retornarà. I, en aquesta redistribució tan desigual, l'ús de la IA sembla que té un paper central.

Dades privades per a fer front a un virus públic

La situació actual de crisi generalitzada, causada pel SARS-CoV-2, ha estat el sotrac de la nostra època. La catàstrofe tantes vegades anunciada ha arribat, i ho ha fet amb un vestit que no esperàvem. La ciència i la tecnologia, i també la IA en particular, han tingut un paper central en aquesta nova realitat, no solament pel que fa a les mesures sanitàries per a fer front al virus, sinó també en aquells aspectes més quotidians del nou present. Malgrat la novetat d'aquesta situació, hi ha infinitud d'exemples sobre aplicacions de la IA en qüestions relacionades amb la COVID-19. No volem, però, que aquesta temporada se centre en el virus pandèmic, així que, tot i que un poc més extens que els altres, en aquest episodi només incloem un minicapítol relacionat.

Radar COVID és una aplicació per a mòbils dissenyada per la Secretaria d'Estat de Digitalització i Intel·ligència Artificial, en col·laboració amb Indra Sistemas, SA. Aquesta aplicació, pareguda a altres presentades en països com Suïssa o Alemanya, permet el que comunament s'anomena *rastreig de contactes,* això és, un registre de les persones amb les quals ens hem creuat. D'aquesta manera, la informació recollida a partir del rastreig s'utilitza per a avaluar el risc de contagi dels seus usuaris. Així doncs, un usuari rep un avís de contacte si ha compartit espai durant el temps estipulat amb una persona que haja resultat infectada. A més a més, Radar COVID permet als seus usuaris informar de manera anònima un diagnòstic positiu, i fins i tot ofereix l'opció de comunicar l'exposició de manera anònima a les persones amb qui l'usuari ha estat en contacte. Per cert, tot aquest mecanisme, és clar, pressuposa que no ens deixem el mòbil quan eixim de casa (pareix, doncs, que en aquest cas la dependència tecnològica ens ajuda a complir amb aquest «deure cívic»).

Així mateix, els discursos institucionals sobre aquesta aplicació remarquen que tot aquest flux de dades és anònim i segur, i evidentment nosaltres no pretenem posar en dubte la importància dels rastrejos per a frenar els contagis del virus. Ara bé, és innegable que no tota la ciutadania ha vist amb bons ulls l'arribada d'aquests tipus de mesures, i algunes veus crítiques amb enginys d'aquesta mena han avisat sobre distints problemes potencials amb l'ús d'aquestes tecnologies, problemes com ara que la nostra privacitat podria veure's condicionada per sempre i donar lloc a una era autoritària en la qual el poder polític tindrà accés a dades com les que recull l'aplicació Radar COVID. Així doncs, i com ocorre amb les bones sèries, no podem simplement qualificar els altres discursos d'absurds i ignorar les veus d'aquests personatges de la trama. I fins i tot és possible que, en un gir inesperat d'aquest minicapítol, trobeu certa llum i utilitat a les crítiques que a priori us poden paréixer simples conspiracions. Comencem, però, pel principi.

Radar COVID es va llançar el vint-i-nou de juny de l'any 2020, mitjançant Google Play, i immediatament després es va fer una prova pilot a La Gomera. El seu ús més general començà al mes de setembre, i Catalunya fou el darrer territori en activar aquesta aplicació, el vint-i-set d'octubre del mateix any. Les principals preocupacions de les veus crítiques amb aplicacions com Radar COVID, és a dir, programaris que pertanyen a la nova generació d'infraestructures públiques, són diverses, però podríem dir que, en general, aquestes tenen a veure amb qüestions com la transparència del programari, el perill que suposen per a la privacitat, els biaixos amb què ens podríem trobar i els possibles efectes negatius de l'aplicació en la societat.

Radar COVID requereix la cooperació de tota la societat, és una aplicació de caràcter massiu i així ho necessita per a tenir èxit: l'objectiu d'evitar contagis només es dona si el seu ús no és residual. Per tant, i d'una banda, s'ha de tenir una cura especial de les possibles discriminacions que es poden donar amb el seu ús: aquesta infraestructura digital no sols s'ha de dissenyar per a tota la ciutadania, sinó que ha de ser accessible per a tots tipus d'usuaris (ja hem vist al cas de Tammy Dobbs, que de vegades aquest aspecte ni tan sols es considera quan la tecnologia va dirigida a persones amb diversitats funcionals) i, en la mesura possible, ha de dissenyar-se conjuntament amb la ciutadania; és a dir, la ciutadania ha de tenir veu a l'hora de definir l'aplicació. A més, les repercussions d'aquesta afectarien la major part de la població i, tenint en compte l'àmbit d'aplicació, l'ús generalitzat d'aquesta tindria un gran impacte social.

Un altre aspecte clau és la preocupació pel tractament de les nostres dades. La manca de privacitat, com ja hem vist al llarg de la temporada, és una de les principals amenaces en una societat on els enginys intel·ligents formen part del dia a dia de la ciutadania. La informació, com ja advertí la filosofia del segle passat, és indissoluble amb el poder. Per això, pareix prou ingenu creure que els governs i les grans empreses no es veuran temptats de fer ús de dades com les que recull l'aplicació. De fet, no necessitem considerar escenaris futurs: penseu quantes vegades, abans d'instal·lar una aplicació al mòbil, heu llegit amb cura els termes i condicions de l'aplicació. En efecte, les empreses ja fan ús de les nostres dades, i no solament per a saber si volem comprar-nos uns auriculars per a les vacances d'estiu. Per exemple, un cas molt notori és el de la xarxa geosocial de cites Grindr. Des de fa anys, els usuaris d'aquesta aplicació disposen de l'opció d'indicar el seu estat serològic; això és, l'usuari té la possibilitat d'indicar si és portador del VIH o no, així com el temps transcorregut des de la darrera anàlisi. L'abril de l'any 2018, l'organització sense ànim de lucre noruega SINTEF va informar que els paquets de dades que Grindr cedia a tercers podien contenir l'estat de VIH dels usuaris. És a dir, hi havia empreses que podien conéixer l'estat serològic d'alguns usuaris de l'aplicació. Ara bé, per molt polèmic que us puga semblar el fet de cedir aquest tipus de dades, cal recordar que els usuaris de Grindr, en realitat, havien acceptat els termes i les condicions de l'ús de l'aplicació, que informaven sobre aquesta possibilitat de cessió. Al remat, les sospites i preocupacions sobre les amenaces a la privacitat per part de la població no són tan infundades com podríem pensar en un primer moment.

Així doncs, pareix que les veus crítiques amb Radar COVID han donat efecte, i la versió de l'aplicació que finalment s'ha llançat no inclou dades personals, com ara el nom o la geolocalització. I en aquest punt és ben útil recordar que no totes les dades tenen el mateix caràcter ni el mateix pes. Així doncs, podríem afirmar que hi ha almenys un tipus de dades del qual cal tenir una cura especial: les dades biomètriques. Es tracta de les dades personals referides a les característiques físiques, fisiològiques o conductuals d'una persona, que en possibiliten o permeten una identificació unívoca. Per exemple, són dades biomètriques l'empremta dactilar o la informació que permet la identificació facial, de l'iris, de la retina, de la signatura, de l'escriptura, de la veu, de la geometria de la mà o fins i tot de la manera de caminar. D'aquesta manera, si bé creiem que hi hauria un consens relatiu en acceptar la cessió de dades no biomètriques per a aturar la pandèmia, com en el cas de Radar COVID, estem prou convençuts que el consens trontollaria si incloguérem en l'acord aquesta mena de dades. Utilitzaríeu una aplicació com la de Radar COVID si incloguera l'empremta dactilar o la identificació de la vostra veu?

De totes maneres, l'experiència ens ha ensenyat que no hauríem de conformar-nos simplement amb les promeses pronunciades des de les institucions i departaments de màrqueting de les grans empreses. Com ja sabeu, la transparència del programari pot ajudar a esclarir quin tipus de dades utilitza en efecte l'algorisme, l'ús que es fa d'aquestes dades, etc. En aquesta línia, més de dos centenars d'acadèmics han signat un manifest per reclamar una sèrie d'instruccions i pautes que haurien de respectar els projectes pareguts a Radar COVID.[15] Així doncs, la primera reivindicació del manifest és justament la de presentar Radar COVID en codi obert. Finalment, i després d'alguns recordatoris per part de les veus crítiques, a començament de setembre la Secretaria d'Estat de Digitalització i Intel·ligència Artificial va complir el seu compromís i el codi de Radar COVID ja es troba disponible a la xarxa.[16]

Els problemes que tenen a veure amb la privacitat, però, no acaben amb aquesta acció. D'una banda, és important que la transparència es traslladé a totes les actualitzacions de Radar COVID, i així s'indica en el manifest esmentat. Els canvis de cada versió del programari han de fer-se públics, explícits, disponibles i fàcilment accessibles per a la ciutadania. D'altra banda, és essencial fer anàlisis del risc associat a la privadesa dels seus usuaris. Aquests informes, evidentment posteriors al llançament de l'aplicació, haurien de fer-se públics també. Tenint en compte aquestes iniciatives, l'eficàcia de l'aplicació es veuria beneficiada fins i tot, ja que la confiança que en tindria la població augmentaria, amb l'increment consegüent dels usuaris.

Pel que fa als biaixos i als efectes discriminatoris de l'aplicació Radar COVID, aquesta hauria de sotmetre's tant a l'escrutini de la comunitat experta (i interdisciplinària), com a l'avaluació de la societat civil. Com que aquests biaixos i repercussions negatives se situen tant en el disseny de l'algorisme com en la seua implementació i el mateix ús posterior, creiem que aquest tipus d'avaluació contínua i comunitària, des de perspectives diferents, és la manera idònia d'identificar aquests problemes, la millor de les opcions que tenim a l'abast. I aquesta qüestió és ben important, perquè per molt que gaudiu de les històries de la sèrie *Black Mirror*, tot pareix apuntar que aquell futur distòpic no és precisament un paradís tecnològic.

15. https://transparenciagov2020.github.io.
16. https://github.com/RadarCOVID.

Per acabar amb aquest tema, estem convençuts que la IA té i tindrà un rol essencial en l'empresa de posar fi a la pandèmia, i també és cert que els seus enginys intel·ligents han dignificat aquesta època de confinament. Cal, però, fer atenció, perquè és possible que en la filera d'enginys cívics se'ns cole un discurs que mai no acceptaríem en altres circumstàncies. Així doncs, amb l'exemple de Radar COVID hem vist que, almenys de moment, sembla que la nostra privacitat no pateix un perill real, però sempre que no cedim un tipus particular de dades. La muralla dels nostres drets, no obstant això, no acaba en aquest punt. Recordeu, per exemple, que el rastreig de l'aplicació mai no hauria de substituir els rastrejadors humans; no oblideu que, al remat, la intel·ligència humana, que inclou un vessant emocional substancial, és insubstituïble en qüestions sanitàries.

Parla, parla, que no t'entenc

El camp de la traducció automàtica encarna grans esperances respecte de l'evolució de la IA i genera situacions que bé poden configurar la trama de qualsevol *sitcom*, us en suggerim algunes. Últimament s'han produït grans avenços en els algorismes de traducció automàtica dels quals potser el més representatiu, per popular, és Google Translate,[17] encara que en el mateix moment que utilitzem el traductor automàtic de Google, la traducció simultània de Youtube o qualsevol reproductor automàtic de veu ens trobem amb les primeres dificultats. Les possibilitats de reproduir el llenguatge natural augmenten amb les noves tècniques d'aprenentatge profund, que permeten a les màquines aprendre dels seus errors i anar acostant-se, cada vegada més, a un llenguatge similar a l'humà. No obstant això, les relacions que estableixen entre paraules no arriben mai a establir un vincle entre paraules i

17. Gideon Lewis-Kraus. «The Great A.I. Awakening». https://www.nytimes.com/2016/12/14/magazine/the-great-ai-awakening.html.

món real, evidentment, ni tampoc arriben a comprendre el que reprodueixen. I és que les màquines no comprenen el que diuen, encara que de vegades ho semble. La quantitat de coneixements de sentit comú que els humans suposem en el nostre llenguatge natural i la facilitat amb què les persones tenim en compte el context són de moment trets impossibles de reproduir en un mecanisme d'IA, i tot i que possiblement podrien superar el test de Turing en algun moment (o que ja s'ha superat, segons a qui ho preguntem), trobem improbable que superaren un test més exigent amb el significat, com ho és per exemple el desafiament de Winograd,[18] ja que tot sembla indicar que les màquines no resistirien una anàlisi més detallada ni salvarien ambigüitats semàntiques que són evidents per a qualsevol humà.

El radar gai

«Jo tinc un radar, sempre detecte els homosexuals que tinc al voltant. Mira aquesta foto...»

Una proposta argumental que té a veure amb l'orientació sexual, sobre la qual és possible que ens hàgem preguntat respecte d'alguna persona que acabem de conéixer o que, simplement, ens interessa en un sentit afectiu. I pot ser també que, després de convéncer-nos a nosaltres mateixos (això sí, a força de fal·làcies) del dret que tenim a saber la seua orientació sexual, hàgem desitjat alguna cosa com un radar gai que indique l'orientació sexual d'algú valent-nos tan sols d'una fotografia. Els investigadors de la Universitat de Stanford Yilun Wang i Michal Kosinski (Wang, 2018) han dedicat els seus esforços i coneixements en aprenen-

18. El desafiament de Winograd és una prova pareguda al test de Turing on la màquina ha d'entendre frases ambigües que normalment resulten fàcils d'entendre per a les persones. Podeu trobar-ne més informació a: https://www.technologyreview.es/s/6096/un-examen-mas-duro-que-el-de-turing-revela-que-las-maquinas-aun-son-estupidas.

tatge profund per satisfer aquesta suposada curiositat humana i dissenyar classificadors de persones segons la seua orientació sexual basant-se en mecanismes d'IA. Passem, doncs, a explicar els fonaments d'aquest «gran» pas per a la humanitat i expliquem amb més detall la recerca que han portat a terme aquests investigadors.

Comencem per remarcar que la primera motivació d'aquest estudi, d'acord amb els seus autors, és la d'utilitzar els avenços en IA per a testar la hipòtesi que alguns dels trets més íntims de la individualitat de cada persona es reflecteixen en el rostre, amb independència de si els éssers humans som capaços o no d'adonar-nos d'aquests senyals. D'entre totes les característiques íntimes de cadascú, l'orientació sexual és l'escollida per a concretar l'estudi. A banda d'això, una de les raons que els autors presenten per a justificar l'elecció de l'orientació sexual com l'exemple d'atribut íntim és estudiar la teoria prenatal hormonal. En efecte, aquesta teoria (que no entrarem a valorar) prediu vincles entre l'orientació sexual d'una persona i l'aparença del seu rostre. Així doncs, de la teoria esmentada es dedueix, d'una banda, que els homes gais presentarien, amb relació amb els homes heterosexuals (atenció!), mandíbules més menudes, celles més fines, nassos més llargs i fronts més grans; d'altra banda, les dones lesbianes mostrarien, en comparació amb les dones heterosexuals, mandíbules més grans, fronts més menuts, celles més amples i nassos més curts. Ni cal dir que la teoria científica parla de trets *masculins* i de trets *femenins,* mostrant d'aquesta manera el biaix de gènere des del qual parteix l'estudi. Els autors de l'article, Wang i Kosinski, revisen també l'estat de la qüestió en referència a la relació entre l'orientació sexual i l'aparença del rostre, a més d'esmentar vagament algunes de les contradiccions d'aquests estudis previs.[19] Tot seguit, una sego-

19. Potser el lector pensa que aquests estudis previs són antics, tot i que la majoria daten d'entre els ays 2011 i 2015.

na motivació del seu treball és justament abordar algunes de les limitacions dels treballs que mencionen. És curiós, per tant, que una bona part del seu estudi s'ha centrat a desmuntar les crítiques que s'han fet a l'estudi mateix.

En un dels casos d'estudi, les imatges utilitzades pels investigadors provenen d'una pàgina web de cites, de manera que, d'entrada, i com els mateixos autors de l'article reconeixen, les fotografies podrien ser especialment reveladores quant a l'orientació sexual dels protagonistes d'aquestes, ja que són escollides justament per a provocar la seducció en un col·lectiu clarament homosexual. No obstant això, també realitzen altres estudis a partir de fotografies tretes d'altres fonts, com ara Facebook. A més a més, d'entre totes les limitacions en la metodologia seguida, creiem que una de les més destacades seria el fet que els participants es limiten a homes i dones blancs nord-americans. Els investigadors afirmen que no creuen que això siga un problema per a generalitzar els seus resultats, tenint en compte que aquests són coherents amb la teoria prenatal hormonal i que, segons aquesta, l'exposició a nivells d'andrògens atípics de gènere té conseqüències en els trets facials de diferents ètnies amb un grau similar, amb la qual cosa aquestes característiques del rostre serien igualment reveladores de l'orientació sexual.

No cal dir que els autors d'aquest article han rebut centenars de crítiques, però la defensa se centra a afirmar que aquestes tècniques ja són emprades per alguns governs per a controlar i espiar la població, que s'ha triat l'orientació sexual perquè es tracta d'una qüestió «superurgent» i perquè vaticina que la privacitat desapareixerà ben prompte.

Sobre aquest argument, no entenem de quina manera aquest mecanisme de reconeixement protegirà la privacitat, o s'enfrontarà als governs en el seu afany de control perquè, de fet, posa a les seues mans un dispositiu de vigilància personal totalment invasiu respecte de la privacitat. Caldrà anar amb molta cura, i plantejar-se prèviament el sentit de les aplicacions d'IA que creem, no siga que un enginy com el creat pels mateixos Kosinski i Wang acabe per controlar els nostres desitjos més íntims en el futur de la postprivacitat, que tant sembla aterrir a Kosinski.

Docureality sobre la IA

Tot i que la majoria de miniepisodis que us hem mostrat en aquest capítol són de ficció, potser ara és necessària una visió més pròxima al documental, per això tot seguit us explicarem algunes circumstàncies reals que determinen el paper dels personatges que hem vist anteriorment.

Com diuen alguns investigadors tecnòfils convençuts del poder benefactor de la IA, les tècniques de la IA aporten un valor afegit a les dades brutes generades automàticament pels robots algorísmics, i aquest valor afegit és el que ens ajuda a preveure els nostres gustos, necessitats i carències. D'acord amb aquesta perspectiva, en un món implementat algorísmicament ens poden detectar una malaltia sense visitar el metge, revisar el motor del cotxe sense que haja arribat l'avaria o suggerir una compra que no havíem previst, i açò és un gran avantatge que evita oblits perillosos. I efectivament, si ens fem ressò d'aquesta visió, la IA pot saber més de nosaltres que nosaltres mateixos, tenir cura de nosaltres millor que una mare i preparar-nos les necessitats materials que prompte anhelarem. Tanmateix, això ens genera un sentiment contradictori, perquè d'una banda ens tranquil·litza saber que poden preveure malalties que nosaltres no som capaços de detectar i salvar la vida de manera miraculosa; però de l'altra, sentir a dir que l'algorisme sap quan estem preparats per a comprar, el que ens interessa o quines són les nostres preferències més profundes ens genera una sensació de control que pot arribar a preocupar-nos. De fet, des d'aquesta visió tecnofílica, s'afirma també que les nostres dades personals contenen la nostra ànima, que són l'espill de la nostra identitat, les nostres emocions i la personalitat més profunda. Al capdavall, quantes vegades heu pensat que el vostre telèfon mòbil diu i sap més que de vosaltres que la majoria de les persones? Aquesta afirmació, tot i ser certa, deixa el regust d'una mena de Mefistòfil al qual venem la nostra ànima a canvi de comoditat, seguretat o eficiència. En canvi, això es considera un avantatge, ja que davant la creença que les dades són impersonals i fredes, aquestes revelen el nostre costat ocult, emocional i poden ajudar-nos a créixer, des de l'autoconeixement i l'autoanàlisi.

Les dades i la seua gestió algorísmica representarien el nou psicòleg, que identifica els nostres problemes i els posa solució, el nou *coach*, capaç de dirigir la nostra actuació en la direcció correcta i d'èxit. Fins i tot, les dades ben interpretades poden ajudar a prevenir i controlar epidèmies, desastres naturals i problemes socials. Així mateix, aquesta intel·ligència algorísmica es mostra com una mena de Gran Germà benefactor que mira pel nostre benestar material i psicològic, que guia la personalitat i la societat amb mà ferma, científica i objectiva, en una concepció política tecnocràtica que pretén depurar d'ideologia les decisions més transcendentals de la vida social i personal. Nosaltres ja sabem, però, que aquestes figures solen tenir interessos més immediats i menys altruistes, que darrere de la tecnocràcia i el cientisme s'amaguen decisions ideològiques carregades d'interessos ocults. Com en les bones sèries d'intriga, el culpable és aquell a qui més interessa la mort de la protagonista. Seguim el seu rastre.

A qui beneficia el crim? Documental d'investigació

Tot això que hem esmentat ho podem comprovar especialment quan els missatges provenen de les empreses que implementen aquesta IA per mitjà d'algorismes, ja que aquestes solen mostrar un món fàcil i eficient, on el treball repetitiu es redueix i els biaixos humans s'eliminen. Quan la màquina decideix tot sembla ser més pur i imparcial, perquè es manegen dades aparentment neutres, liquades de prejudicis personals i socials. El món de la IA és un món harmònic, just i implacable, perquè el seu judici escapa al qüestionament humà. Aquesta utopia s'oposa a la distopia de la ciència-ficció, però curiosament també serveix de bàlsam. Els perills d'unes màquines malvades que desenvolupen intencions humanes es troba amb mecanismes asèptics que depuren qualsevol tendència irracional. En canvi, la realitat funciona a l'inrevés, ja que mentre que les grans distopies de la ciència-ficció són, de moment, impossibles, les utopies benefactores de la IA dèbil ja són ben presents, i a més actuen de manera contrària al que la majoria dels seus defensors divulguen.

Pràcticament qualsevol algorisme dissenyat per a exercir una funció social dins d'un context empresarial, social, penal, policial, educatiu o assistencial perpetua models de relació social que no sempre són explicitats. Quan un empresari fa servir un algorisme de selecció de personal no procedeix de manera innocent ni imparcial, sinó que imposa uns criteris previs què són els que l'algorisme posa en funcionament, i aquests criteris no venen de cap cel ni món ideal, sinó d'unes necessitats i prioritats que l'algorisme ha de satisfer. Unes vegades de manera conscient i altres inconscient, l'algorisme de selecció repetirà els criteris implementats pel programador o per la base de dades triada per a entrenar l'algorisme. Així mateix, si la majoria d'un consell d'administració és masculí o la major part dels treballadors d'un taller mecànic són homes, és molt possible que l'algorisme de selecció perpetue aquesta discriminació, perquè al remat hi ha moltes maneres de saber el gènere de l'aspirant sense necessitat de preguntar directament la seua adscripció de gènere. Altrament, les condicions inicials eliminatòries, com per exemple trobar-se dins d'una franja d'edat concreta, deixaran sense cap oportunitat d'èxit els aspirants que no encaixen dins dels paràmetres personals que la majoria dels casos poc tenen a veure amb la feina oferida. Però, a més a més, si el que implementem són algorismes amb sistemes d'aprenentatge automàtic, aleshores s'acumularà una informació viciada de partida amb l'objectiu suposadament de millorar-ne el funcionament, encara que amb el resultat de repetir i augmentar els biaixos, de gènere, ètnics o socials, del mateix sistema selectiu. I el pitjor de tot és que els resultats de la selecció de personal es presentaran com a imparcials i sense intervenció humana.

La major part de la IA s'està desenvolupant des del món de l'enginyeria; és a dir, la part científica que més aplicació social té, i per tant, està més imbricada amb el món social que modifica. Amb tot, en un primer moment la IA pretenia un coneixement teòric sobre el funcionament de la ment humana i la possibilitat de replicar-la en el laboratori per tal de millorar-ne el funcionament i comprendre-la més en profunditat, com hem explicat adés. Però la realitat és que els desenvolupaments majoritaris de la IA s'han centrat a solucionar problemes socials ben concrets i sobre els quals ja existeix una intencionalitat prèvia determinada socialment. Seleccionar personal, concedir ajudes socials, trobar parella o distraure el temps lliure són activitats marcades per unes intencionalitats ben clares, la rendibilitat econòmica en el cas de la selecció de personal, la satisfacció de necessitats d'una població en concret en el cas de les ajudes, un model d'amor i companyia en l'exemple de les aplicacions per a trobar parella i un tipus d'activitats de lleure en concret amb unes repercussions econòmiques i socials.

És a dir, sempre partim d'un món de la vida social que determina l'interés per desenvolupar aquesta aplicació de la IA, el qual guia la investigació i posa el focus en unes activitats i no en altres. Després, quan es passa al disseny de l'algorisme que ha de satisfer la necessitat social, aquest es carrega amb les preconcepcions del món històric efectiu, la concepció del treball, de l'economia, dels drets socials, de la parella i del temps lliure. Per últim, es presenta el resultat com a objectiu, desinteressat i infal·lible.

A banda de tot això, i tal com passa amb la majoria de la ciència-ficció actual, trobem discursos que pretenen fer-nos creure que l'acumulació d'intel·ligències artificials ens portarà màgicament a una IA de tipus general, que derivarà per últim en una superintel·ligència lliure dels prejudicis propis dels éssers humans. Però la nostra sèrie no vol caure en els tòpics, per això us explicarem com podem alliberar-nos d'aquesta utilització malintencionada o esbiaixada per donar pas a una visió més crítica i conscient de les conseqüències per a la trama.

Buidar la IA de prejudicis

El problema arriba de la mà de l'enginyeria i la programació, perquè les persones dedicades a aquest quefer viuen en un món carregat de prejudicis (com la resta del món, evidentment), dels quals no són conscients. I en la mesura que no en són conscients estan condemnats a repetir-los. Però aquest problema té una solució relativament fàcil, com apuntarem més endavant en el capítol final: a saber, dotar de reflexió filosòfica l'estament responsable de crear i implementar la IA. Amb una educació filosòfica i ètica adequada aconseguiríem, si més no, fer conscients d'aquesta situació les persones responsables d'implementar-la. Tot i ser difícil, tot i necessitar una decidida voluntat política des del disseny del sistema educatiu i una receptivitat per a portar-la a terme, la mesura és possible.

A més a més, a aquesta situació de reproducció de discriminacions cal afegir-ne una altra, quan és el mateix algorisme que aprén de les seues experiències. Quan implementem l'aprenentatge automàtic, l'algorisme recull informació i ajusta la resposta en funció de la repetició de les respostes que recull. En aquest cas, podríem dir que l'algorisme fa el que veu, o repeteix allò que experimenta i és ell mateix el que reprodueix una situació social, de manera que es converteix en racista, masclista o homòfob sense necessitat que el seu creador ho siga, tan sols per a contagiar-se de la societat que observa.

López de Mántaras i Meseguer ho expliquen clarament amb un exemple del cercador d'imatges de Google. Quan analitza la imatge d'un xiquet que sosté un raspall de dents en posició vertical en primer pla, aquest es mostra més gran del que és en realitat per l'efecte de la proximitat, i aleshores la resposta del cercador és que es tracta d'un xiquet que sosté un bat de beisbol. L'explicació d'aquest error és que hi ha milers de fotos de xiquets amb un bat a les mans a la xarxa, mentre que n'hi ha moltes menys de xiquets que sostenen un raspall de dents, i per tant el sistema arriba a la conclusió errònia per culpa de la quantitat molt major i, per tant, més probable en sentit estadístic, de menuts amb bats de beisbol. Si l'algorisme es basara en un reconeixement profund, barrejant el sentit semàntic amb el significat gràfic, potser no cometria aquest error que podria acumular errades més greus i inutilitzar el procés per poc fiable. Efectivament estudis actuals estan intentant millorar l'aprenentatge basat en l'anàlisi de dades massives incloent-hi components semàntics basats en el sentit comú per tal de donar més fiabilitat als sistemes, si bé l'aposta és complicada.

Podem pensar que en el cas del xiquet amb el raspall de dents les conseqüències no són greus, però què passarà si cerca imatges de persones d'ètnia gitana a Google? I de dones? En quina postura apareixeran? Complint quines activitats? Vestides de quina manera? I, per tant, quina serà la resposta de l'algorisme de reconeixement? Aquest és un dels problemes més rellevants que la IA haurà de resoldre, per la via d'afegir components semàntics i de sentit comú com diuen les referències citades, i també amb la depuració de prejudicis d'aquests elements de sentit comú i per la via de la correcció ètica dels algorismes que aprenen automàticament. Si ho pensem detingudament, tot i que aquestes IA ja són part de la realitat quotidiana, trobem moltes qüestions pendents de resoldre.

Ara bé, aquest problema que plantegem ja l'han començat a veure des de la matemàtica més crítica: Cathy O'Neill anomena els algorismes d'una manera molt peculiar, a saber, *armes de destrucció matemàtica* (o simplement ADM). Armes de destrucció matemàtica perquè acumulen totes les injustícies d'una societat injusta, i alguna més provocada pels interessos de les empreses que les encarreguen.

Per a aconseguir superar-los cal ser conscients, en primer lloc, d'aquestes escletxes, que a més a més són de molts tipus i diferents en cada tipus d'algorisme, ja que poden ser ètnics, nacionals, de llengua, de gènere, d'orientació, d'aspecte, de nivell social o econòmic o vestimenta, etc. Després cal tenir evidentment voluntat de corregir-los i, finalment, poder-ho fer per mitjà del disseny dels algorismes. És per això que necessitem algorismes dissenyats des del compromís amb els drets humans, i que el seu disseny siga conscient de la necessitat de corregir determinades tendències i tinga la voluntat de fer-ho.

Capítol 5: I si fem *match* amb un robot?

«No estic molt posat en el tema del sexe.
He sentit a dir que és una cosa bona de veritat.»
EL ROBOT SEXUAL HENRY.

Un vídeo on es balla l'última coreografia de moda, una *selfie* suggeridora amb un filtre en blanc i negre, una història graciosa amb el seu gatet... D'una manera o d'una altra, és possible que alguna vegada hàgeu trobat el vostre *crush* en alguna xarxa social i, fins i tot, és possible que us hàgeu animat a escriure-li i la història haja acabat bé. Altres vegades el conte no és tan casual i utilitzem aplicacions amb l'única finalitat de trobar algú amb qui passar-ho bé en un sentit afectivosexual (o alguna cosa més seriosa). Així mateix, en cas de donar-se una trobada més enllà del món virtual, és possible que ens plantegem preguntes com si la persona es pareixerà a la de les fotos o si hi haurà química entre tots dos. Al remat, hem interioritzat aquesta manera de relacionar-nos virtualment, juntament amb la rutina de plantejar-nos algunes qüestions com les dels exemples. En efecte, potser la persona és més gran del que pensàvem o no té estrelles de colors prop dels ulls com en la presentació del seu perfil, però és evident que, almenys de moment, no ens preguntem si la nostra cita serà un ésser humà o si, en canvi, quan arribem al bar ens trobarem amb un robot somrient mentre es beu una canya. En aquest episodi, com ja deveu haver intuït, plantegem alguns dels problemes i les qüestions més interessants sobre la robòtica sexual.

Sense filtres: la situació actual dels robots sexuals

Diem que un robot és sexual quan la funció principal per a la qual ha estat dissenyat és la de donar als éssers humans un servei que qualifiquem de sexual, tant siga imitant una relació afectivosexual com fent altres accions que associem amb l'erotisme (com ara fer un *striptease* o tenir una conversa pujada de to). Ara bé, com ja hem explicat al llarg d'aquesta temporada, la visió general de la IA que tenim com a societat no sol coincidir amb la realitat d'aquesta ciència i enginyeria, i el mateix ocorre amb la robòtica sexual. Així que si teniu curiositat per conéixer la situació actual dels robots sexuals, no salteu aquesta introducció i deixeu córrer el reproductor.

En efecte, tal com ocorre a parer nostre amb la IA, un dels problemes relacionats amb els robots sexuals és la percepció d'aquests per la població, viciada per uns estereotips i expectatives allunyats de la situació real d'aquesta tecnologia. Actualment, els robots sexuals estan dotats d'una IA dèbil molt simple: tenen converses limitades gràcies a bots conversacionals, responen de manera mecànica a determinats estímuls, poden adoptar distintes postures i presenten diversos programes de «comportament», de forma que responen de maneres diferents als mateixos estímuls. Algunes de les empreses que fabriquen aquests robots són Candy-Girl, RealDoll o Abyss Creations, i els preus per robot sexual oscil·len aproximadament entre els 5.000 i els 15.000 euros. Així mateix, actualment la compra de robots sexuals és molt anecdòtica, si bé diversos estudis mostren l'interés per aquests tipus de serveis (sobretot per part de la població masculina), i sabem també que la companyia RealDoll afirma que ven el mateix nombre d'acompanyants masculins que de femenins. De fet, uns dels darrers robots sexuals amb més prestacions que la resta és Henry, un robot sexual masculí que, d'acord amb Realbotix, la companyia que l'ha creat, conta acudits, llig poesia i té diversos programes de «comportament».[20] Aquestes «personalitats» diverses no sols permetrien triar entre l'experiència amb, per exemple, un acompanyant més afectuós o amb un company tímid, sinó que també podríem triar-ne l'orientació sexual. Tot i que Henry és un dels orgulls de Realbotix, de moment pareix que encara no és possible comprar-lo i, per tant, no sabem amb seguretat i exactitud com és la IA d'aquest acompanyant tan atractiu. Al remat, els robots sexuals són uns artefactes nous i només unes poques persones els han provat. Així doncs, la informació del públic general prové principalment de la ciència-ficció, sobretot a partir del cinema i les sèries.

Ara bé, cal que recordem que els ninots sexuals constitueixen els antecedents de la robòtica sexual. Tot i que aquests no són IA pròpiament parlant, comparteixen algunes de les dificultats i interrogants que plantegen els robots sexuals, i serveixen per a esclarir la reflexió sobre robòtica sexual. En primer lloc, els ninots sexuals porten a debat els problemes i els reptes que s'estenen, i s'estendran amb més força en un futur pròxim, al desenvolupament dels robots sexuals. En segon lloc, els casos amb els ninots sexuals hiperrealistes són l'únic referent del qual disposem a l'hora d'analitzar el possible impacte de l'arribada d'una robòtica sexual, perquè ja hem vist que l'existència d'aquest tipus de robots a l'abast del públic és molt limitada i, per tant, és insuficient per a fer una anàlisi rigorosa dels seus efectes. Alguns casos notoris són, per exemple, el del canadenc Kenneth Harrison, qui va encarregar una nina sexual hiperrealista amb aspecte infantil (per la qual cosa va ser processat), o el «prostíbul» amb nines que l'Ajuntament de Barcelona tancà el març del 2017, on la violència que la clientela exercia sobre les nines va ser notícia (acomplint d'aquesta manera la premonició de ficció de *Westworld*, de

20. https://noticias.musiquera.com/2019/03/20/henry-el-robot-sexual-con-pene-regulable-que-te-lee-poesia/.

la qual ja hem parlat en el capítol 3 d'aquesta temporada). Amb tot, malgrat l'existència d'alguns casos problemàtics com els que acabem d'esmentar, l'èxit d'aquest tipus de ninots és indiscutible. Finalment, el pas dels ninots sexuals hiperrealistes als robots sexuals dotats d'IA dèbil és una realitat, tal com s'ha fet palmari en les últimes edicions de l'Asia Adult Expo o com s'afirma en l'informe «Our sexual future with robots. A foundation for responsible robotics consultation report»[21] (Sharkey, 2017).

En conjunt, l'èxit d'aquests ninots per a la satisfacció sexual ha dibuixat el camí que ha de seguir la robòtica sexual futura. I considerant tots aquests factors, no hi ha, per tant, cap motiu per a no creure que la complexitat d'aquests robots augmentarà els pròxims anys. De fet, tot indica que el gran interés econòmic per dominar el mercat dels robots sexuals accelerarà aquest desenvolupament. A continuació destaquem algunes de les dificultats que, a parer nostre, caldrà afrontar les pròximes temporades.

Quan l'espectador és el feminisme

Quina és la interpretació que podem donar dels robots sexuals des del feminisme? La cosificació de la dona com a objecte sexual, fruit del caràcter patriarcal que ha regnat al llarg de la història de la humanitat, és un fet clarament rebutjable que atempta contra la dignitat dels éssers humans que s'identifiquen com a dones. Ja siga per necessitats econòmiques, per seqüeles psicològiques causades per abusos o simplement per no haver conegut cap altra realitat, en la majoria dels casos, si no tots, les dones que pateixen i/o se sotmeten a aquesta cosificació no ho fan per voluntat pròpia. Altrament, des del feminisme i des de la perspectiva de defensa dels drets humans, l'única postura possible és una

21. «El nostre futur sexual amb robots. Una fonamentació per a un informe de consulta sobre robòtica responsable».

objecció ferma d'aquesta cosificació, evidentment. Ara bé, aquesta és una temporada atrevida i el problema que volem tractar en aquest moment de l'episodi és si els robots sexuals són incompatibles amb un rebuig de la cosificació de les dones com a objecte sexual i, aleshores, amb el feminisme.

Us farem un espòiler d'aquesta minitrama: pel que fa al tema del feminisme i la robòtica sexual, hi ha dues línies de pensament que, almenys en aquesta temporada, no es conciliaran. Per un costat, tenim el «bàndol» que defensa que els robots sexuals que imiten l'aspecte d'una dona (d'ara endavant, en aquest cas parlarem de *les robots sexuals*) cosifiquen la dona i, per tant, l'existència i comercialització d'aquestes robots són incompatibles amb el feminisme. Algunes de les integrants d'aquesta escola de pensament són, per exemple, la professora d'ètica i cultura dels robots i IA Kathleen Richardson o l'escriptora Megan Murphy. L'argument principal que esgrimeixen tindria la forma següent: les robots sexuals estan dissenyades deliberadament per a assemblar-se a dones, perquè l'objectiu buscat és que l'home que les compra i utilitza cregui que es tracta d'una dona. Per tant, la dona queda deshumanitzada, cosificada, relegada a un conjunt d'orificis per penetrar. Encara més, d'acord amb aquest argument, la creació i utilització d'aquestes robots és un acte polític que preserva la idea de la dona com a ésser humà de segona amb una funció específica. D'aquesta manera, la indústria de la robòtica sexual perpetua aquesta cosificació sexual de la dona i, sempre d'acord amb aquesta línia argumentativa, cal una acció política per a aturar la normalització d'aquesta indústria.

Pel que fa a l'altre «bàndol», la idea principal és que les robots sexuals (així com les nines sexuals) són una joguina sexual més, com ho és per exemple un vibrador. Per tant, d'acord amb aquesta línia de pensament no hi hauria cap fricció entre la robòtica sexual i els principis del feminisme. Per exemple, Marlís González, vicepresidenta de l'ONG Sexòlegs Sense Fronteres, defensa aquesta postura, tot i que recentment ha manifestat la preocupació que la societat s'encamine cap a una sexualitat mecanitzada. Encara que en principi podríem pensar que la rèplica d'aquest argument tan senzill i aparentment sòlid és complicada, el moviment que advoca per la prohibició de les robots sexuals ho té clar: en la mesura que les dones no disposen d'una indústria del sexe il·legal on elles són les principals compradores del cos d'altres persones, ni les nines ni les robots són comparables als vibradors. Encara més, d'acord amb aquesta argumentació, l'ús i la creació de les robots sexuals no serien cap problema en un món sense prostitució ni pornografia.

Amb aquesta part de l'episodi 5 només hem volgut centrar el tema de discussió per tal d'esclarir la situació i obrir debat. Creiem, però, que calen uns aclariments al respecte. Efectivament, la majoria de la pornografia perpetua una sexualitat masclista on les dones són relegades a mers objectes sense a penes voluntat pròpia més enllà de la de servir els homes. I què hem de dir de la prostitució, filla de la vulnerabilitat, la pobresa i el tràfic que castiga especialment les dones amb pocs recursos i, fins i tot, segrestades. El que cal sens dubte és posar fi tant a aquestes visions masclistes de la sexualitat com a les indústries il·legals que trafiquen amb persones. Les robots, però, no són persones. Tot i que la persona que les compra acabe creient que practica sexe amb una dona, la robot sexual no és una dona explotada, i creiem que aquest és un punt que, per molt trivial que resulte en algunes ocasions, mai no s'ha de perdre de vista en la qüestió que ens ocupa. Com hem vist, s'ha afirmat que les robots sexuals no serien un problema en una societat sense prostitució ni pornografia. No tenim clar si podem anar tan lluny, però sí que som conscients que l'actual societat evidencia un biaix sexista que cosifica les dones i converteix en mercaderia el seu cos, siga real o simulat. Per això podem afirmar que creiem sense cap mena de dubte que necessitem amb urgència accions polítiques clares contra l'explotació sexual de dones i xiquetes, així com una pornografia responsable que no perpetue els perillosos rols que imperen avui dia en els portals pornogràfics, amb els quals estan creixent els adolescents de la nostra era.

No obstant això, l'accés a una robot sexual, que costa un mínim de 5.000 euros, és remotament limitat en comparació amb la prostitució i la pornografia. No dubtem que les robots sexuals podrien ser una suma en l'equació del masclisme, però la prohibició sense més no és la solució, a parer nostre. Així mateix, les robots poden reproduir en efecte la idea masclista basada en el sexe com a control. De fet, la majoria dels pocs casos que coneixem sobre locals amb aquest tipus de serveis amb nines sexuals pareixen reflectir un ús violent de les nines. Altrament, una nina sexual no pot tenir cap comportament actiu per definició. Les robots sexuals, en canvi, no són inanimats i, tot i que les robots actualment disponibles en el mercat tenen un «comportament» molt limitat, res no indica que no puguen disposar d'un rol més complex i participatiu en un futur, amb la qual cosa l'argument del seu rol inactiu deixaria de tenir sentit.

D'altra banda, estem d'acord amb la idea que la indústria dels robots sexuals és un acte polític, però aquest acte no és rebutjable *per se*. Per què no una robòtica sexual responsable? Per exemple, el nanotecnòleg Sergi Santos afirma que estar treballant en una robot sexual capaç de negar-se a practicar sexe segons les circumstàncies. A banda d'això, una IA forta seria capaç de proporcionar robots sexuals amb personalitat, de manera que el sexe amb robots esdevindria anàleg al sexe responsable amb humans (amb consentiment).

Julie Wosk és una professora d'història de l'art a la Universitat Estatal de Nova York que, en el seu llibre *My Fair Ladies: Female Robots, Androids and Other Artificial Eves* (Wosk, 2015), repassa la qüestió de la fabricació, per part dels homes, de la dona ideal en la història del cine, la indústria i la literatura. Potser és ben cert que el masclisme ha perseguit, des del mite grec del Pigmalió i Galatea, el domini que suposaria construir una dona sense imperfeccions i sempre disposada. Ara, però, tenim l'oportunitat d'actuar amb responsabilitat: ni hauríem de caure en la trampa masclista de pensar que les robots sexuals són completament equiparables a meres joguines sexuals com ho són els vibradors, ni hauríem de quedar-nos amb la idea que la solució ve de la mà d'una prohibició absoluta de fabricació i distribució dels robots sexuals.

Acabem aquesta secció amb les reflexions de les periodistes Neus Molina i Marta Roqueta,[22] que destaquen que la IA reprodueix l'heteropatriarcat, de manera que podríem afirmar que hem perdut l'oportunitat de fer de la IA un camí lliure dels rols de gènere i la dominància de l'heterosexualitat. Nosaltres ens preguntem si una robòtica sexual lliure no podria ser el camí cap a aquesta IA, però molt possiblement les exigències de la indústria s'encarregaran que ni tan sols ho puguem comprovar.

Pot la robòtica sexual fer el paper d'heroïna?

La sexualitat és un conjunt vast d'activitats dirigides a donar i/o obtenir plaer, de manera individual, en parella o col·lectivament. El seu abast és immens i, tot i ser la causa de nombroses alegries i moments feliços, planteja també una llista de problemes i qüestions molt àmplia. Alguns d'aquests problemes tan sols afecten l'esfera individual de determinades persones, mentre que d'altres es presenten com un repte que hem d'afrontar com a societat. Ara bé, i si la robòtica sexual fora la resposta a alguna d'aquestes qüestions?

Potser algunes i alguns de vosaltres heu tingut fa poc les primeres experiències sexuals i heu patit ansietat en arribar el moment. O és possible que altres problemes, com per exemple el vaginisme o l'ejaculació precoç, no us deixen gaudir de relacions plenes i satisfactòries. En aquest sentit, part de la comunitat experta en sexualitat defensa la utilitat

22. https://www.publico.es/public/mite-dona-artificial.html.

que la robòtica sexual podria proporcionar a l'hora de tractar aquestes dificultats. I en aquest punt pot paréixer que no hi ha lloc a debat, ja que, ben mirat, si des de la tranquil·litat de la soledat podem experimentar quasi una rèplica de la situació que ens causa aquests problemes, quina objecció podríem donar al fet d'ajudar les persones amb aquestes qüestions?

No tota la comunitat experta, però, està d'acord amb aquest ús potencial de la robòtica sexual, i podríem dir que la cautela resumeix aquesta línia argumentativa. Pel que fa a les teràpies sexuals, part d'aquesta comunitat recalca que no s'han fet estudis empírics per provar aquest reclam, i destaca que és una àrea en la qual és necessària més recerca. Així mateix, s'afirma que l'eina terapèutica hauria de considerar-se en cas que aquesta augmentara la felicitat de persones soles o amb dificultats emocionals i/o socials. Ara bé, també se sol afirmar que en cas que es prove una eficàcia dels robots en aquestes situacions, hi hauria l'obligació de proporcionar aquestes «eines» als qui ho necessitaren.

Altrament, mentre que l'evolució, tot i que lenta, en la integració social i laboral de les persones amb disfuncionalitat és una realitat en la nostra societat, la sexualitat d'aquest col·lectiu encara sembla que és un tema tabú, fins al punt que s'instaura en l'imaginari comú la idea que les persones en aquestes circumstàncies no necessiten cobrir necessitats eroticosexuals bàsiques per a la resta de la població. Així doncs, prou sovint la sexualitat d'aquestes persones acaba estigmatitzada, de manera que la plenitud personal de les persones afectades es torna més prompte un ideal al qual ni es pensa a apuntar. Malgrat que empreses com Tandem Team,[23] a Barcelona, o ONG com TLC, a Anglaterra, ofereixen ajuda en aquestes qüestions, la realitat és que aquestes associacions són més aviat l'excepció, de manera que algunes persones amb disfuncionalitat no disposen d'una alternativa a la marginalitat o a l'ajuda que els cuidadors, que molt

23. https://www.tandemteambcn.com/.

sovint són els mateixos familiars, els brinden. Cal recordar, però, que en el context d'alguns sectors del feminisme contemporani sentim veus contràries a la línia que defensen ONG com l'esmentada. Igualment, les persones grans sense parella sexual i amb dificultats per a gaudir de la sexualitat són un altre col·lectiu que cal tenir molt en compte.

No és sorprenent, doncs, el plantejament que defensa l'ús de robots sexuals per tal de dignificar la vida sexual de tots aquests col·lectius mencionats. Ja hem esmentat l'estigmatització de les persones amb diversitat funcional, i es podria afirmar el mateix per a la gent gran. Ara bé, arribat el moment s'hauria de tenir molta cura, tant amb les persones grans com amb les persones amb diversitat funcional. Cal assegurar que aquestes puguen donar consentiment, i sempre disposant de la màxima informació possible. És a dir, la persona que fera ús del robot sexual hauria de ser conscient que el robot no és un ésser humà, de manera que el consentiment fora, en efecte, informat. Evidentment, el tema del consentiment en aquest context no sempre pot ser nítid, i analitzar en més profunditat les condicions pel consentiment és una tasca que va més enllà dels objectius del nostre treball (i que s'hauria de reservar als experts). Altrament, tal com adverteix Carme Torras, si les màquines generen engany, els seus usuaris, sobretot els col·lectius més vulnerables, corren el risc de creure que els robots amb què es relacionen s'interessen i es preocupen per ells, i això seria molt preocupant. De fet, en l'informe sobre robòtica sexual que hem esmentat (Sharkey, 2017), ja s'alerta de la possibilitat que les persones amb demència creguen que tenen relacions amb una persona i no amb un robot, així com dels problemes que apareixerien fruit d'aquesta confusió. Aquests interrogants ja els hem tractat també en un altre capítol, en relació amb la qüestió dels assistents virtuals.

Al remat, es podria dir que en aquesta temporada hem estat molt crítics amb la IA des de diverses perspectives, però no podem ignorar el fet que una IA responsable i utilitzada de manera ètica podria dignificar i humanitzar la sexualitat d'algunes persones amb disfuncionalitat, d'una part del col·lectiu de la gent gran i d'algunes persones amb problemes sexuals. L'acompanyament i orientació sexuals d'alguns d'aquests col·lectius ha estat socialment i institucionalment ignorat sistemàticament, i si bé és cert que seria més adient que una atenció d'aquest tipus l'oferiren éssers humans, s'ha disposat de dècades per a resoldre aquesta necessitat i no ho hem aconseguit. L'aparició d'aquests robots sexuals potser podria ajudar a solucionar-ho o a mitigar-ne els efectes, si més no.

Així mateix, la crisi sanitària causada pel SARS-CoV-2 i algunes de les mesures establertes per a lluitar contra el seu contagi han deixat milers de persones aïllades i soles a casa seua, i encara no coneixem l'abast de les perjudicials conseqüències d'aquesta solitud, que també abasta l'àmbit de la sexualitat. I si la robòtica sexual fora una ajuda en situacions com aquesta?

Pel que fa a les possibles aplicacions de la robòtica sexual, justament falta per esmentar la més polèmica. En efecte, hi ha qui defensa que els robots sexuals podrien ajudar a reduir el nombre de crims sexuals, en la mesura que els robots absorbirien la violència, les fantasies i les parafílies dels criminals potencials: algunes parafílies com l'agalmatofília o la morfofília són innòcues, però d'altres com la pedofília o el desig per violar una persona són altament nocives si es tornen realitat. En conseqüència, s'imposa la pregunta de si es podran utilitzar robots sexuals per a disminuir crims sexuals relacionats amb aquestes tendències i desitjos. Les respostes no són, precisament, homogènies.

Termes i condicions dels robots sexuals

Per acabar el capítol, en aquesta secció plantegem molt breument altres qüestions que no hem tractat abans i que tindrien a veure amb una hipotètica regulació de la fabricació i l'ús dels robots sexuals. D'aquesta manera, pretenem obrir la porta perquè, quan isquen els crèdits d'aquest episodi, us prengueu uns minuts abans de fer clic a «Reproduir el capítol següent» i reflexioneu sobre aquestes tres preguntes obertes, que van més enllà del binomi simplista prohibició/acceptació.

Cal limitar la programació dels robots sexuals? Els robots sexuals no poden consentir, i una violació es defineix justament per l'absència del consentiment, tant si la víctima és capaç de donar-lo com si no. Tanmateix, no tenim massa clara l'aplicació de tots aquests termes en un artifici com una robot sexual, per molt viva que aquesta parega estar. D'altra banda, ja hi ha robots que inclouen diferents programes de «comportament», de manera que poden imitar actituds submises, infantils, actives, etc. I ací veiem un matís substancial entre programar una robot sexual per a imitar una violació i practicar sexe amb una robot, que no pot consentir. Tret dels robots amb finalitats terapèutiques, que estarien supervisats per professionals, creiem que un robot sexual a l'abast del públic general mai no hauria d'imitar actes violents d'aquest tipus. Com veurem al final de la temporada, un control sobre la comercialització dels productes de la IA ajudaria a impedir-ho.

D'altra banda, en cas d'una comercialització d'aquest tipus de ninots i, arribat el cas, de robots, caldria plantejar-se quina protecció i anonimat s'hauria d'atorgar a les persones usuàries, ja que l'accés a una llista amb la clientela d'aquest tipus d'articles podria donar lloc a un ús il·legítim i perillós d'aquestes dades. I aquesta no és una qüestió exclusiva de la robòtica sexual. Quan mantenim una relació sexual amb alguna persona, esperem que aquesta tinga respecte per la nostra privadesa i no enregistre el moment ni done detalls íntims de nosaltres. Pel que fa a aquesta qüestió i la tecnologia en general, el cas més notori relacionat amb la indústria eròtica és potser el de la companyia Standard Innovation Corp, que va haver de pagar uns quatre milions de dòlars canadencs per haver recollit dades com ara l'hora o la freqüència d'ús d'uns dels vibradors que oferien en el seu catàleg. A més a més, l'any 2016 es van mostrar les errades al sistema de Bluetooth del vibrador, de forma que qualsevol persona ubicada dins del rang d'abast del Bluetooth podia controlar l'aparell.

Podem fabricar robots sexuals que imiten persones concretes? Deixant de costat aquells grups de la població que no poden consentir, així com els menors d'edat, de segur que una part de la població adulta estaria d'acord a crear un robot amb la mateixa aparença. Ara bé, els problemes relacionats amb el consentiment amb què ens trobàvem en el cas del Dadboot apareixen una vegada més. Això sí, arriben acompanyats d'altres de nous: qui tindria accés a un robot amb la nostra aparença cent anys després de la nostra mort? Ocorreria com amb els drets d'autor, que s'esgoten passats determinats anys de la mort del creador?

Capítol 6: Cal decidir! Una brúixola ètica

«Vosté què faria?»
MORAL MACHINE

I en aquesta temporada, ens queda un capítol més reflexiu per acabar. Un capítol a l'estil de la sèrie *The Good Place,* amb un Chidi filòsof que es pregunta pels usos ètics que es fan de la IA i les repercussions socials que impliquen. Hem tingut una temporada molt completa, amb robots sexuals, guions de terror, d'intriga, romàntics i, fins i tot, persecucions policials, però ara arriba el moment de reflexionar sobre les decisions ètiques que poden adoptar-se en aquest context.

Imagineu-vos un capítol amb decisions complexes que impliquen la vida de persones, però en el qual els personatges són algorisme que decideixen pel seu compte sobre situacions de risc. Ho veieu possible? Es poden implementar algorismes que respecten els criteris morals de la humanitat? Pot ser ètica la IA? O, si més no, podem formalitzar els valors ètics de tal manera que els sistemes d'IA interactuen segons principis morals d'acord amb els humans?

Més enllà de la situació de ficció que us plantegem en aquest capítol, potser aquestes preguntes ara són inútils perquè arriben tard, atés el desenvolupament accelerat i poc controlat que actualment porten a terme les tecnologies dotades amb IA. Igualment, la majoria d'elles s'implementen sense massa control i amb poca reflexió sobre els seus efectes i, és cert que, per moltes portes al camp que vulguem posar, les aplicacions tècniques de mecanismes regits per IA creixen exponencialment. Ara bé, tot i això no som els únics preocupats pels efectes morals i socials de les aplicacions de la IA, aquesta és de fet una de les demandes que un grapat d'associacions i empreses que treballen en IA comencen a expressar públicament, mogudes per la preocupació que aquests algorismes generen conductes discutibles des d'un punt de vista moral, i més si impliquen actors humans.

Ho demana, per exemple, Francesca Rossi, directora d'ètica i IA en IBM, qui ha posat en marxa Partnership on AI, juntament amb altres empreses capdavanteres del sector com Google, Amazon, Facebook o Microsoft, amb l'objectiu de garantir un ús responsable de la IA, guiat per un criteri humanitari i socialment beneficiós. Partnership on AI busca la transparència i la responsabilitat social de les aplicacions de la IA, així com analitzar les repercussions que aquesta pot tenir en les relacions entre les persones i en la convivència social. Altrament, l'Institute AI Now de la Universitat de Nova York se centra a estudiar les implicacions socials dels desenvolupaments pràctics de la IA. Aquest institut treballa la qüestió dels drets i llibertats implicats en els mecanismes de la IA, però també els biaixos i les discriminacions que aquesta pot generar i que dificulten una integració social efectiva d'una part de la població afectada per aquests enginys. Així mateix, la Lliga Algorísmica de la Justícia dirigida pel MIT i inspirada en els treballs de Cathy O'Neill és una altra plataforma que treballa per aconseguir retallar els biaixos de la IA, i ho fa des d'una perspectiva més alternativa i independent. En aquest cas, la seua actuació se centra a denunciar el racisme, el sexisme i les discriminacions en general que generen una part de les andròmines de la IA, pel fet que augmenten la consciència social de l'opinió pública i de la investigació en la matèria, i perquè proporcionen espais de trobada entre persones expertes de diferents àmbits per tal de revisar els últims avenços i desenvolupar pràctiques saludables i transparents d'aplicació d'aquesta IA. Objectius tots ells que compartim i aplaudim des de la nostra proposta de regular els avenços més conflictius d'aquestes aplicacions, aquells que afecten directament decisions ètiques o interaccions socials entre les persones que en fan ús o es troben afectades pels seus efectes.

El problema moral

En general, la major part d'aquestes reflexions prenen els drets humans com un punt de partida innegociable en l'avaluació de riscos. I el compliment d'aquests és un bon punt de partida que permet guiar les aplicacions en una direcció clarament igualitària i respectuosa amb la diversitat, la llibertat i el foment de la igualtat. En sistemes de reconeixement facial, de selecció de personal o de concessió d'ajudes públiques, per exemple, aquest fonament és suficient per a promocionar mecanismes que eviten la discriminació pel color de la pell (com passa sovint amb els mecanismes de reconeixement facial), per a evitar les exclusions per raons de sexe, identitat o orientació sexual i per a prevenir exclusions per raons d'origen social. Els drets humans són un bon referent per a enfrontar algunes de les desviacions més preocupants dels desenvolupaments de la IA en camps sensibles de convivència social, malgrat que caldria una actualització de la Declaració de 1948 en la línia d'incorporar drets digitals com ara el dret a la privacitat; l'exigència de transparència, seguretat i caràcter públic; el dret a l'oblit i alguns altres que caldria incorporar a la declaració amb l'objectiu d'afavorir el seu reconeixement i implantació efectiva en la línia d'algunes declaracions ja plantejades. Però, amb tot, la simple exigència de reconeixement dels drets digitals no cobreix tota la problemàtica ètica que es genera amb els nous desenvolupaments tècnics.

En casos més complexos, els drets humans poden ser un referent ambigu, sobretot quan entren en col·lisió subjectes amb drets iguals o situacions en les quals cal triar per donar preferència a un dret per damunt d'un altre o fins i tot promocionar un col·lectiu en situació de desigualtat.

Com afirma Carme Torras, ens podem trobar amb cinc grans camps de reflexió ètica que es poden veure afectats pels desenvolupaments de la IA; aquests àmbits ètics sobre els quals necessitem reflexionar serien els següents: el del disseny robòtic de l'assistent «perfecte», amb les qualitats que podem implementar en una valoració de beneficis i perills; el de l'aparença dels robots i la simulació d'emocions, tenint en compte els diferents camps en els quals es podrien aplicar; el de l'automatització d'entorns laborals i educatius, amb el conflicte consegüent amb els drets laborals; els dilemes associats a la presa de decisions automàtiques i la llibertat i dignitat humanes; i el de la responsabilitat civil relacionada amb les respostes «morals» programades en robots. Un enfilall de problemes que justifiquen uns quants guions del nostre capítol dedicat a l'ètica i que ens serveixen per a abordar aquests dilemes abans que els interessos i els objectius econòmics acaben decidint per nosaltres.

Els dos primers tenen a veure amb l'emocionalitat i l'impacte que poden tenir els dissenys dels robots en la formació de l'empatia i l'educació dels sentiments, sobretot en les noves generacions. Imagineu-vos un assistent robòtic dotat amb IA que es dedica a la cura de menors des del naixement, un assistent amb el qual el bebé ha interactuat des de sempre. El bebé reconeixerà l'assistent com una màquina o creurà que és humà? I proposem una pregunta paregudа amb un assistent de majors, tan ben encertat que sembla humà. Crearan les persones grans vincles emocionals amb aquest tipus d'assistent?

Aquestes situacions que plantegem com una ficció s'han estudiat molt. Per exemple s'ha analitzat el rebuig que provoquen els robots quan la seua forma humana és més realista o semblant a l'aspecte humà, un rebuig que augmenta a mesura que el paregut és més pròxim, i que es recull en la teoria de la «vall inquietant» de Masahiro Mori. En aquest sentit hem de plantejar-nos l'efecte que podria tenir un assistent de cura d'infants, per exemple, en la seua maduració emocional, o un d'atenció a la dependència en la gestió dels sentiments dels dependents o un robot sexual com els que hem explicat en el capítol anterior. Cal, doncs, una reflexió interdisciplinària des dels àmbits implicats, assistència social, atenció mèdica professional, pacients, enginyeria, etc., abans de posar en marxa qualsevol d'aquests enginys. Cal una valoració prèvia de danys i beneficis, avaluant-los no tan sols en sentit tècnic, sinó sobretot, humà. Amb això introduïm el problema de quin criteri ètic cal implementar en aquestes aplicacions, ja que una ètica purament conseqüencialista o utilitarista en sentit tècnic pot portar a admetre aspectes que es puguen tornar en contra seua. Per exemple, es pot valorar el fet de comptar amb un assistent d'una persona dependent per la cura i atenció que ofereix, i no tenir en compte l'estat emocional que li pot generar. En efecte, un càlcul simplement pragmàtic ens aboca a la seua implementació, però una valoració més deontològica ens hauria de fer reflexionar sobre el que significa dignitat i integritat humana, i, en aquest cas, potser, rebutjar certes propostes. En tots els casos, per tant, la seua implementació haurà d'estar autoritzada conscientment per les persones responsables, la mateixa persona si n'és conscient o els seus tutors si es tracta d'un menor, i avalada per un diagnòstic expert, mèdic o assistencial i vigilat de manera atenta per l'equip professional que es troba a càrrec seu. Ara, però, continuem analitzant els àmbits d'aplicació que destaca Torras.

El tercer camp, el de l'automatització d'entorns laborals i educatius, té més a veure amb drets socials i col·lectius. Imagineu-vos el vostre futur laboral, un futur en el qual molts dels llocs de treball estaran ocupats per robots. Quin tipus de treballs quedaran per als humans? En quines condicions laborals? Aquest argument dibuixa un futur complicat per a l'ocupació, no creieu? El fet de substituir llocs de treball humans per altres d'automatitzats robòticament és una qüestió que es justifica amb criteris de rendibilitat econòmica i empresarial. I, efectivament, tal com desenvolupa el model econòmic neoliberal que ens regeix, poca cosa podem afegir a aquest criteri en la mesura que ja s'ha posat en pràctica al llarg de tota la revolució industrial i s'ha justificat políticament des de les instàncies governants. Només des de reivindicacions sindicals i polítiques amb inspiració social es pot posar en qüestió aquesta aplicació, o si més no, la demanda d'una redistribució de recursos generats per la introducció d'aquesta tecnologia. En primer lloc, qualsevol mecanisme d'IA que regule o repartisca el treball haurà de respectar els drets de les persones treballadores i les condicions dignes de treball, i ací la legislació laboral haurà de ser la guia principal, però, pel que fa al repartiment dels beneficis que genera la implantació de mà d'obra robòtica, hauríem de tenir en compte propostes com la d'una renda bàsica universal, propostes que cada vegada tenen més sentit amb els nous sistemes de producció basats en la IA. Èticament aquesta atenció bàsica universal té una fonamentació en l'augment de beneficis i en la necessitat d'uns mínims de supervivència que permeten exercir una ciutadania responsable. Ara bé, aquesta qüestió, més que ètica, ha esdevingut una proposta política que dependrà del joc de forces que s'impose en el tauler polític mundial, que últimament no sembla massa favorable a la proposta.

La que no és lògicament coherent és la postura que anticipa una evolució benèfica del model econòmic i social vigent producte de la implantació de la IA en el mecanisme productiu. Alguns d'aquests autors i autores afirmen que la mateixa implantació de la IA en la producció industrial permetrà superar la tradicional distinció entre dreta i esquerra, assolir drets laborals de manera automàtica i, fins i tot, superar el model econòmic de les grans corporacions que acumulen beneficis a costa de la població en general. El mateix concepte de treball es veurà superat i una civilització de l'oci motivada pels grans beneficis que aportarà la IA s'imposarà de manera automàtica. Es tracta d'unes prediccions similars a les dels primers socialistes utòpics, que la història ha mostrat fallides. Nosaltres pensem que sense reivindicacions laborals i socials no s'aconsegueixen drets socials, i amb els nous desenvolupaments industrials de la IA aquestes exigències hauran de ser més intenses si és possible, perquè si deixem que aquestes implementacions es desenvolupen de manera no regulada, aleshores el més lògic és que beneficien els qui tenen el poder econòmic i, per tant, s'apropien els seus beneficis i dirigisquen les seues aplicacions.

Tot i això, quan parlem de llocs de treball que impliquen interacció humana, intervé un altre criteri que no és el de la simple rendibilitat econòmica. En contextos educatius, socials o assistencials, com els que hem tractat abans, la qualitat del procés educatiu, assistencial o emocional, hauria de ser prioritat per damunt de la simple rendibilitat econòmica. Per exemple, és molt possible que aquests enginys educatius es posen en pràctica en contextos educatius deprimits, mentre que d'altres més elitistes mantindrien la figura humana com a essencial. Es produiria aleshores un deteriorament educatiu encara més esbiaixat socialment que l'actual, amb el consegüent augment de la desigualtat d'oportunitats. Aquesta implementació desigual de sistemes d'IA hauria de ser controlada per les instàncies polítiques responsables i no autoritzar aplicacions selectives que creen més traves en el desenvolupament personal o en una desigualtat d'oportunitats que condicione les circumstàncies d'accés a llocs de treball o carrera professional. En aquest sentit, la igualtat d'oportunitats ha de ser un criteri previ a la posada en marxa dels algorismes.

Els dos últims àmbits de reflexió, els dilemes associats a la presa de decisions automàtiques i la llibertat i dignitat humanes, i el de la responsabilitat civil relacionada amb les respostes «morals» programades en robots, necessiten un consens moral molt més generalitzat, en la mesura que afecten aspectes vitals de la convivència humana, i són, per tant, els àmbits que més discussió ètica necessiten.

Llibertat i responsabilitat moral de la IA

Perquè el problema que se'ns planteja ara és el de quina ètica ha de guiar els casos on les decisions automàtiques impliquen limitacions o condicionaments severs de la llibertat humana, tant a altres persones afectades com als usuaris directes dels artefactes d'IA. Així mateix, emergeix la pregunta de quins criteris ètics han de ser prioritaris quan les decisions afecten la responsabilitat civil de les decisions automatitzades. Imagineu que, per exemple, viatgeu en un cotxe sense conductor que, amb els frens espatllats, opta per atropellar la vostra mare abans que precipitar-se per un barranc. Penseu també en la intervenció d'una assessoria mèdica virtual que us comunica fredament les opcions que us queden de vida davant d'una malaltia irreversible, o en les interaccions d'un robot de comunicació que aprén de les interaccions amb el públic d'una xarxa social o laboral i que reprodueix insults i desqualificacions racistes.

En aquests casos, nosaltres reivindiquem l'especificitat del fet moral i la seua irreductibilitat a una simple qüestió científica, la qual cosa fa més difícil parlar d'una ètica per a la IA, en la mesura que els mecanismes de programació i aprenentatge són purament científics. Ara bé, no podem abandonar aquest repte, perquè és cert que, com a mínim, els efectes de la seua actuació són morals i, en conseqüència, haurem de plantejar quins criteris han de regir el seu funcionament. En aquest sentit, la temptació d'aplicar una ètica conseqüencialista, inspirada en un càlcul dels resultats de les accions de les màquines, és molt gran i abellidora, però possiblement un plantejament ètic deontològic, que s'inspire en uns principis morals que serien inviolables, és més apropiat en casos automatitzats. Altres veus plantegen implementar en la màquina una valoració pràctica de les situacions a què s'enfronten, de manera que aquesta desenvolupe una conducta virtuosa inspirada en els hàbits de la societat que la desenvolupe.

La primera proposta, revitalitzada en els nostres dies per Peter Singer, parteix de l'utilitarisme clàssic proposat per Mill i Taylor, i consisteix a aplicar una ètica conseqüencialista de càlcul de beneficis. L'ètica utilitarista planteja realitzar un càlcul de beneficis de la nostra actuació moral i decidir aquella opció que aporta més felicitat i benestar no només a nosaltres individualment, sinó al conjunt de la humanitat. En el camp de la IA és relativament fàcil programar respostes en funció d'un càlcul en el qual les màquines són justament més eficaces que els humans, per tant sembla una bona opció ètica per a implementar a una màquina. Es tractaria de programar sempre la resposta que menys danys genere en la seua aplicació, i la visió general que proporciona disposar de milions de dades faria la resta, perquè la màquina triaria l'opció més beneficiosa.

Ara bé, el problema rau a deixar la decisió ètica en mans d'una màquina que aplica de manera mecànica uns càlculs que tenen repercussions en la vida humana. No podem oblidar que l'ésser humà es representa situacions i les interpreta d'acord amb els seus esquemes mentals, que modifiquen les situacions i la seua anàlisi, i d'acord amb aquests pren decisions. De moment, però, ni els algorismes ni cap altre sistema d'IA és capaç de comprendre les situacions que analitza i, per tant, tampoc no és capaç de prendre decisions conscients. Implementar-li un tipus de raonament conseqüencialista que calcule de manera freda els beneficis i danys que aporta l'aboca a prendre decisions desproveïdes de valoració moral, i per tant molt perilloses en la mesura que no és capaç d'adaptar la resposta a la situació existent. Com a exemple, la decisió de maximitzar beneficis podria portar una IA a exterminar un grup d'humans per tal de salvar una majoria en una situació de risc, catàstrofe ecològica o humanitària, encara que aquest sacrifici no seria comprés de la mateixa manera pels familiars o afectats en el sacrifici.

Un model deontològic inspirat en l'ètica kantiana i revisscolat actualment en l'ètica dialògica de J. Habermas implementaria imperatius ètics de manera automàtica, i obligaria la màquina a acomplir-los en totes les circumstàncies possibles. Per exemple, respectar la vida humana hauria de ser un d'aquests principis sagrats que no podria desobeir en cap circumstància. El problema torna a ser similar al d'abans, una màquina no pensa i, per tant, no pot efectuar una deliberació ètica, que només pot donar-se en una comunitat de persones iguals, responsables i amb bona fe, i els algorismes, almenys de moment, no són interlocutors vàlids en aquest procés. És cert que les línies de programació implementades podrien ser resultat d'aquesta deliberació en comú per part de les instàncies responsables, programació, poder polític, agents ètics, etc., si bé la multitud de circumstàncies i situacions que es podrien presentar farien impossible tenir-les totes en compte. De fet, una de les característiques fonamentals de la moral humana és la seua capacitat d'adaptació a noves situacions, aspecte que seria difícil, si no impossible, de preveure en una programació d'IA.

Un model més comunitarista, importat de l'ètica aristotèlica, intentaria basar els algorismes ètics en les creences culturals que utilitzen les societats que apliquen els mecanismes d'IA i s'alimentaria de les conductes efectives de les persones que viuen en la comunitat efectiva d'actuació. Les ètiques de la virtut, com es coneixen aquestes propostes, es basen en l'hàbit adquirit conscientment pels agents morals, si bé, de moment, les màquines són capaces d'aprendre, però no de ser conscients dels seus aprenentatges i, per tant, no són capaces de desenvolupar virtuts que moderen les decisions d'una moral social acceptada comunitàriament. Les decisions estarien exemptes de moderació o emocionalitat i s'aplicarien com una llei del Talió implacable, amb el perill consegüent de cometre injustícies justificades per un Bé comú superior, a més de reproduir conductes sexistes, racistes o homòfobes que podrien ser admeses en determinades societats. Altrament, no podem oblidar que el camp ètic no és un camp descriptiu, o no pot ser-ho, perquè aleshores qualsevol pràctica majoritària, com el genocidi, el canibalisme o el masclisme, hauria de ser acceptada com a correcta, i la màquina la normalitzaria sense més reflexió. L'ètica necessita una reflexió prescriptiva que escape a la simple descripció de conductes humanes, i aquest aspecte prescriptiu, de moment, només el poden aportar persones, que són qui hauran d'implementar-les en qualsevol andròmina que haja de decidir sobre assumptes humans.

Amb aquestes consideracions, podria paréixer que no hi ha solució al dilema ètic de la IA, però en realitat no és així, sinó que es tracta de recordar que qualsevol implementació d'aquest tipus a una màquina formarà part d'una decisió humana i no mecànica, i que si no tenim suficients garanties de control sobre la decisió automàtica, haurem de paralitzar-la i sotmetre-la a control humà. Al remat, l'ètica de la IA no és automàtica, sinó tan humana com la resta de decisions que prenem els humans en les situacions descrites. I aquest fet implica assumir la responsabilitat de les conseqüències que se'n desprenen.

En aquest sentit, volem plantejar la necessitat d'assumir també la responsabilitat derivada de les decisions d'algorismes d'aprenentatge automàtic, ja que de vegades es pretén aconseguir un transvasament de responsabilitats dels programadors als usuaris. Per exemple, en xarxes neuronals d'aprenentatge profund o en algorismes d'aprenentatge per recompensa es planteja el problema de qui provoca les respostes que es produeixen per aprenentatge autònom, i dilueix (o es pretén diluir) la responsabilitat dels resultats obtinguts. El cas de l'algorisme de Microsoft que havia d'interactuar en Twitter és il·lustratiu en aquest sentit, ja que es va convertir en racista, homòfob i sexista en poc més d'un dia de funcionament. Els programadors de Microsoft el van retirar de seguida al·legant necessitats tècniques, però l'excusa era evident sense necessitat de ser expressada explícitament: l'algorisme no era el causant de les ofenses generades, sinó l'espill en el qual es va mirar en un procediment d'aprenentatge automàtic, mentre els homòfobs, sexistes o racistes eren els humans que van interactuar amb ell. Així doncs, l'assumpció de responsabilitats morals es dilueix en una mena de comunitat d'aprenentatge que disculpa qualsevol aberració. Siga amb la programació directa o amb la generació de mecanismes d'aprenentatge automàtics, els responsables són les persones que generen l'aplicació d'IA, i no es poden delegar les responsabilitats morals o judicials a una comunitat difusa que pot actuar de manera espontània o malintencionada. De fet, la mateixa vulnerabilitat dels sistemes hauria de ser clarament delimitada com una responsabilitat de les persones que els han creat.

Cotxes que decideixen per nosaltres

En el cas que us hem plantejat abans, el de la decisió d'un cotxe autònom al pas de vianants, necessitem una reflexió més profunda que ens pot orientar en altres casos. Per aclarir el tema, el MIT ha desenvolupat una «màquina moral»[24] que recull dades des d'una perspectiva humana sobre quines serien les millors decisions que s'haurien d'implementar als vehicles autònoms en situacions de risc davant d'un accident inevitable. La plataforma pregunta a totes aquelles persones interessades sobre diferents situacions inspirades en el cèlebre dilema del tramvia que va proposar la filòsofa Philippa Foot en un article de 1967[25] i que el MIT aplica als cotxes autònoms. Els resultats són ben clarificadors i es recullen en un article publicat en la revista *Nature*,[26] on es presenten 40 milions de decisions en deu idiomes de persones de 233 països i territoris, i aquests resultats es classifiquen per preferències globals, individuals i també s'atén a les variacions culturals. Els resultats són

24. http://moralmachine.mit.edu/hl/es.
25. http://pitt.edu/~mthompso/readings/foot.pdf.
26. htttps://www.nature.com/articles/s41586-018-0637-6.

clarificadors sobre les preferències morals de la majoria de la població mundial, que coincideix a preferir els humans als animals, i dins dels humans a preferir els joves enfront dels vells i a minimitzar el nombre de víctimes sempre. Un criteri que ens espanta per la seua simplicitat, ja que calcula les vides humanes a pes, d'una manera totalment quantitativa, en la qual una víctima és millor que dos i un jove és millor que una persona gran.

A més a més, els autors es permeten unes valoracions i unes advertències a les autoritats polítiques i empresarials que resulten d'una prepotència i una seguretat esgarrifadores. Adverteixen aquestes instàncies dels diferents països, responsables de l'aplicació dels seus enginys autònoms, sobre la necessitat de tenir en compte aquest estudi i, sobretot, l'opinió majoritària de la ciutadania, i els adverteixen que haurien de seguir aquest corrent majoritari o explicar el sentit de les seues decisions si no coincideixen amb aquesta opinió (fonamentalment, preferir xiquets enfront d'adults), ja que aleshores s'enfrontarien a l'oposició de l'opinió pública. Amb aquest dispositiu ètic, els autors plantegen una mena d'ètica plebiscitària on les decisions s'haurien de prendre per majoria popular i aclamació majoritària. És com si la decisió d'atropellar una persona gran en comptes d'una persona jove es justificara per una majoria de persones que consideren la vida humana més valuosa en l'edat infantil o jove que en la senectut. Tanmateix, ja sabem que l'ètica no és com la política i que les seues decisions no són simplement majoritàries, sinó que també han de respectar uns valors bàsics que no es poden sotmetre a votació popular. En qualsevol cas, la conseqüència d'aquest raonament és una espècie d'eugenèsia social en la qual el cotxe autònom disposaria d'un criteri ordenat de prioritats on determinades persones pesarien més que d'altres. Altrament, el criteri s'hauria de portar fins a les últimes conseqüències i programar les respostes del vehicle en casos en què les possibles afectades foren persones amb disfuncionalitats psíquiques o físiques o amb malalties temporals o permanents. El rànquing de valor personal repel·leix des del plantejament, i quan s'explicita es fa encara més repugnant i mostra a les clares les dificultats d'implementar aquests criteris ètics en màquines autònomes.

Així mateix, els problemes que plantegen aquests vehicles autònoms potser són més complexos del que habitualment considerem. De fet, solem considerar les decisions del cotxe sense conductor com una decisió passiva en la qual es minimitzen danys, com la de la situació que planteja el dilema del tramvia, en el sentit d'haver de triar entre dues opcions que pareixen equiparables i en les quals podem minimitzar morts o damnificats amb una decisió que evita una situació davant d'una altra. Però el problema de l'elecció en cas d'accident dels vehicles no controlats per humans no està ben plantejat amb l'aplicació simple del dilema del tramvia, sinó amb l'ampliació que Philipa Foot va fer, afegint-hi una nova situació que complica el cas. Es tracta del dilema del professional mèdic que podria salvar la vida de cinc persones amb el trasplantament d'òrgans d'un sol pacient sa si l'utilitzara sacrificant la seua vida a canvi de la dels altres. Una decisió mèdica que sacrificara un pacient hospitalitzat i recuperat per tal de salvar la vida de cinc persones malaltes, les quals podrien viure amb el trasplantament d'òrgans del pacient sa, ja no és tan acceptada pels criteris ètics a l'ús. Sembla que hi ha una diferència entre deixar fer i actuar directament, la responsabilitat moral no és la mateixa.

Doncs bé, el cas dels cotxes autònoms és més paregut al del professional mèdic que al del tramvia, perquè l'algorisme ha de decidir a qui atropella analitzant les dades de què disposa d'una manera freda, i pren decisions similars a les d'un metge que hauria de sacrificar un pacient per a salvar-ne cinc. És evident que aquesta situació ens costa molt més d'assumir i, si ens preguntaren amb aquest plantejament, la nostra resposta no seria tan clara ni definida com es fa amb la màquina moral del MIT. Amb tot, aquesta web no pregunta així i planteja l'elecció com a inevitable, obviant que qui decideix és una màquina, no una persona, i que les dades de què disposa són més objectives, estan més calibrades i calculades i generen uns efectes previstos de manera freda i conseqüent. La decisió de sacrificar una persona és vista com un mal menor, però és una decisió conscient i analitzada que una persona només faria en casos d'estrés inevitables. Plantejades així les coses, l'utilitarisme ètic ja no sembla ser tan acceptable en mecanismes automàtics, perquè la sola idea d'aquesta utilització de la vida humana d'una manera tan instrumental ens produeix repugnància.

Raonaments ètics digitals

En aquesta mateixa direcció, el conseqüencialisme ètic és, per tant, el model ètic preferit per les persones que dissenyen IA, entre altres coses perquè s'adiu molt bé amb les decisions ètiques a les quals la programació i l'enginyeria informàtica estan més acostumades. Però no sols això, també sabem que el punt de mira moral en la utilització d'andròmines digitals deriva cap a l'enfocament conseqüencialista en les decisions que prenem quan interaccionem amb les màquines. En aquest sentit, coincideix també amb un estudi (Barque-Duran, A., Pothos, E., Yearsley, J., Hampton, J. 2017) que planteja que les decisions morals preses per humans en contextos digitals tenen una tendència a adoptar una postura utilitarista en compte de deontològica, i aquest tipus de raonament moral sol transmetre's a la relació entre màquina i humans. I nosaltres podem afegir: també a les actuacions de les màquines, tal com hem vist amb el cas dels vehicles autònoms. Sembla imposar-se una tendència a elaborar un càlcul utilitarista que comptaria els efectes en vides humanes en termes purament quantitatius, encara que aquest raonament purament utilitari té el perill evident de posar en mans d'un algorisme automatitzat unes decisions purament quantitatives en un context qualitatiu en què hi haja persones implicades.

Nosaltres no tenim la solució, tant de bo fora tan fàcil! Però creiem que hem situat el problema moral de la IA en un terreny favorable per a una discussió ètica satisfactòria. En primer lloc, mentre el desenvolupament de la IA estiga en el terreny de la seua versió dèbil no podrem parlar de màquines d'IA com a agents morals, perquè d'alguna manera parlar d'una ètica de les màquines d'IA és oblidar les repercussions ètiques que ja té l'aplicació de mecanismes d'IA dèbil. Així doncs, parlar de superintel·ligències amb ètica pròpia desresponsabilitza els humans responsables de la creació, l'aplicació i la posada en marxa de mecanismes d'IA, i dificulta per tant l'assumpció de responsabilitats legals i morals en la seua aplicació.

Nosaltres parlem, per tant, de repercussions ètiques de les aplicacions d'IA, en totes les categories (explicades en el capítol 1). En tots els casos hem de plantejar-nos el sentit ètic de les decisions que prenen aquests dispositius de manera autònoma, avaluar-ne les conseqüències i decidir el seu funcionament. Amb tot i el desenvolupament accelerat de mecanismes autònoms, aquests continuen trobant-se en mans humanes, i esperem que siga així fins i tot en un futur en què es poguera desenvolupar un dispositiu amb una IA forta.

Podem afirmar que la vida humana no pot entrar en un algorisme matemàtic que la valore en termes numèrics, perquè les implicacions que es generen ens acosten a raonaments eugenèsics de molt mal record històric. Quan parlem de màquines que decideixen, necessitem la garantia del compliment de principis morals bàsics quan afecten les persones, i no acceptar que la nostra seguretat es trobe implicada en un càlcul difícil de comprendre. Hem de pensar que les màquines no decideixen moralment, com hem dit, sinó que apliquen procediments de càlcul, i si han de prendre aquestes opcions en situacions compromeses hauran d'estar clarament controlades pel disseny humà. Qualsevol algorisme ha de tenir el límit de les seues decisions en el respecte a la vida humana, no podem oblidar que les màquines han d'estar al servei de les persones i, si no aporten les garanties de funcionament suficients, potser no estan llestes per a posar-se en circulació, tal com ocorre amb medicaments que no han tingut una experimentació prèvia suficient. Per això aquestes propostes poden entendre's com un fre al desenvolupament científic, encara que no ho són en cap sentit, ja que només proposem que aquest desenvolupament s'efectue en un sentit humà i humanista.

I aquest sentit humanitari haurà d'implementar un codi deontològic clar en la IA, sense concessions a un conseqüencialisme utilitarista quan hi ha implicades vides humanes, tot i que en aquelles situacions en què la vida humana no corre perill es podrien plantejar altres criteris més pragmàtics, però sempre amb garantia del respecte igualitari a totes les vides humanes.

Amb tot, hem de recordar que no podem oblidar les recomanacions de la comunitat científica experta en IA, en la direcció de no permetre el funcionament autònom de les màquines en determinats contextos molt compromesos amb la convivència humana, com podria ser el militar, el mèdic, l'assistencial o l'educatiu. Els algorismes automatitzats poden ajudar a prendre decisions, malgrat que la supervisió humana serà imprescindible en la majoria dels casos per raons ètiques evidents. I aquesta supervisió ètica es fa imprescindible en molts dels àmbits en què la IA ja s'aplica. Les eines d'IA en àmbits mèdics, jurídics, educatius, etc. poden ser una ajuda inestimable per al conjunt de professionals de la matèria, i la seua utilització millora la predicció de malalties, la impartició de justícia i l'educació de les persones, tot i que sempre sota una supervisió humana. En camps com l'enginyeria militar, les comunicacions, el transport o l'economia ocorre el mateix, ja que es prenen decisions que impliquen efectes transcendentals per a la vida de les persones afectades, i, per tant, no poden abandonar-se a una espècie d'instància anònima que tria sense consciència.

Capítol final: Espòilers d'una possible segona temporada

«Va quedar asseguda, amb els ulls tancats, i quasi es va sentir al País de les Meravelles, però sabia que, en obrir-los, tot tornaria a l'opaca realitat.»

LEWIS CARROLL

Esperem que us haja agradat aquesta primera temporada de la IA. L'hem anomenada primera perquè sabem que l'era de la IA no ha fet més que començar i els nous avençons continuen imparables. Amb aquesta narració hem pretés fer-vos conscients de quin creiem que és el camí que la IA hauria de prendre en la societat d'avui dia, sobretot en referència a les pautes d'actuació, les aplicacions i els efectes que el desenvolupament de la IA pot tenir en el món actual. Haver pensat els possibles escenaris, conéixer les persones protagonistes i anticipar les aplicacions ens pot servir per a estar preparats i preparades per potenciar els usos beneficiosos i prevenir-nos davant dels il·legítims o perjudicials. Unes últimes reflexions per a acabar poden ajudar-nos a aconseguir aquests objectius, a més d'augmentar el vostre interés en una segona temporada.

La via cap a una IA amb seny

Per transitar cap a un ús assenyat de les aplicacions de la IA en diferents àmbits socials, hem distingit tres etapes de desenvolupament que van des de la recerca en IA fins a la comercialització, els usos i els controls dels productes desenvolupats.

La primera etapa se centra en el procés de creació, disseny i recerca en IA. Més concretament, abasta el termini que comença amb la tria del projecte a desenvolupar fins a la seua finalització, passant per la tria de la metodologia, les bases teòriques, les dades utilitzades, etc.

Quina reflexió prèvia podem fer sobre aquesta primera fase de la investigació? Tal com hem esbossat en aquesta temporada, d'una banda, des del pensament crític podem considerar una perspectiva que escapa al context economicista. En la mesura que la IA interactua amb aspectes essencials de la nostra vida, aquesta ciència i enginyeria no pot concebre's com un mer servei, sinó que hem de trobar un espai on tinga cabuda la responsabilitat dels dissenys de la IA. Una mirada crítica i externa seria, doncs, un bon filtre per a començar a fer camí d'una IA amb seny. Així mateix, i per descomptat, disciplines com l'antropologia, la filosofia o la sociologia també podrien protagonitzar un paper fonamental en aquesta etapa. Una proposta d'un algorisme de classificació homòfob, una aplicació injusta amb les persones amb discapacitat, un algorisme de selecció laboral amb bases de dades masclistes... Les possibilitats, una vegada més, són immenses.

La segona etapa s'inicia quan s'assoleix l'objectiu perseguit pel projecte i finalitza tan prompte com els resultats de la recerca, si s'escau, migren de l'àmbit científic a la societat.

Podeu pensar que en aquesta etapa el projecte ja ha acabat i les seues bases ja han estat analitzades. Ara bé, un aspecte distintiu de la recerca científica és el seu caràcter impredictible: si davant un problema concret podem preveure tots els camins, dificultats i resultats que obtindrem, aleshores haurem reproduït la recerca d'altres, però nosaltres no haurem desenvolupat res de nou (no haurem fet recerca pròpiament parlant). Així doncs, podríem trobar-nos amb projectes que, *a priori*, no semblaven problemàtics i que, en canvi, han donat lloc a resultats diferents dels plantejats, de manera que cal analitzar de nou tots els aspectes considerats en la primera etapa. Mètodes com ara l'aprenentatge automàtic poden donar resultats imprevisibles en un primer estudi. D'aquesta manera, la comprovació del resultat final i la reanàlisi i les reavaluacions, si calen, serien els primers passos a fer en aquesta etapa.

La tercera etapa comença quan el resultat de la recerca passa a formar part de l'àmbit públic, si es dona el cas, i finalitza si la societat deixa de fer-ne ús.

Una vegada el producte es troba en circulació, caldrà avaluar-lo des de perspectives més globals, a més de tenir en compte el context social i les implicacions humanístiques que comporta. La impossibilitat de previsió, tant de l'evolució d'algunes creacions com dels usos d'aquesta, forcen controls i estudis continus i posteriors a la seua concepció i el seu llançament. De fet, ja coneixem algun exemple que manifesta aquesta necessitat. Per un costat, el bot conversacional Tay, creat per Microsoft i apartat del públic a penes unes hores després, és famós per ser autor de consignes nazis i grolleries masclistes, com hem explicat en un capítol d'aquesta temporada. Tay és, doncs, un exemple de com l'evolució d'un producte de la IA és de vegades imprevisible. Per l'altre, podem pensar en qualsevol de les aplicacions per a mòbil que tenen l'objectiu d'ajudar-nos a recuperar la contrasenya oblidada de la xarxa local a casa nostra, però que es fan servir per a utilitzar la connexió del veïnat. Aquestes aplicacions són un exemple de com l'ús d'alguns resultats de la IA pot donar lloc a diversos problemes, amb independència de si l'objectiu inicial de l'aplicació era problemàtic o no. Així mateix, hem vist també, com en el cas de Radar COVID, que la comunitat experta insisteix especialment en la necessitat d'avaluar els efectes de l'ús d'enginys dotats amb IA, i no quedar-nos només amb un estudi previ al seu llançament al públic general.

Sense cap dubte, la IA i, en general, les noves tecnologies seran una de les realitats amb què conviureu les generacions futures. I això no comporta necessàriament res de dolent, a més d'albirar aspectes tan positius com ara cirurgies molt poc invasives, transports més segurs i efectius, jornades laborals reduïdes, audiòfons ultraeficaços, etc. Ara bé, tampoc no podem esperar de la IA una companya de viatge inofensiva: podria portar-vos ben lluny, sí, però també podria deixar-vos a la intempèrie, atrapats en un episodi que mai no hauríeu volgut protagonitzar. Així mateix, alguns dels reptes que hem plantejat en aquest assaig deixaran de tenir l'empara de qui mira cap al futur i creu que el temps és un aliat, i passaran a ser presents a tractar immediatament. D'aquests desafiaments que acompanyen l'artificialitat del món, podem fer-ne una oportunitat per a constituir una societat més igualitària, malgrat tot.

Embastar solucions

Pel que fa a les indicacions pràctiques que es desprenen de l'anàlisi anterior, també volem comentar alguns aspectes per tal de posar llum en aquest món de la IA, de vegades tan obscur i, sobretot, ocult als ulls de la major part de la ciutadania. Al remat, hem embastat una sèrie de problemes que pensem que són de vital importància si volem integrar de manera adient la IA en la societat actual.

En primer lloc, hem explicat que partim d'uns interessos viciats per un model científic economicista que monetaritza qualsevol aplicació. Els algorismes, siguen de selecció de personal, d'impartició de justícia o de contractació d'assegurances de vida, solen partir d'una empresa o d'un govern interessats a rendibilitzar inversions de capital o humanes. Aquest fet determinarà el model implantat, de tal manera que l'objectiu final perverteix els mitjans utilitzats i determina les seleccions obtingudes. Pareix que no es busca l'objectivitat de què es parla constantment, sinó la rendibilitat, i aquest fet vicia tots els processos de principi a fi, a més de dificultar un ús humanitari de la IA.

La ciència parteix d'un interés instrumental que li dona caliu, i només una actuació política prèvia podria reorganitzar els interessos directors. Però el que ocorre és just a l'inrevés, són empreses privades o equips públics d'investigació que han de competir en un mercat monetaritzat els que dirigeixen les investigacions. És una empresa d'assegurances la que demana un algorisme de concessió de pòlisses, una universitat pública la que sol·licita un mecanisme d'avaluació del professorat o un ministeri el que demana un cercador de possibles delinqüents. El criteri que dirigeix tots aquests casos és un interés tècnic que oblida o sacrifica la veritat i la justícia per l'eficàcia. Perquè l'algorisme s'utilitza justament per aquesta eficàcia. Hem denunciat aquesta circumstància i hem proposat un control social i polític, des d'una perspectiva democràtica i participativa, òbviament, que oriente el desenvolupament i les aplicacions de la IA.

En segon lloc aquests interessos solen amagar-se darrere d'una sèrie de criteris opacs, inconfessables i ocults. No interessa mostrar els mecanismes que hem posat en marxa perquè la seua ocultació els fa més eficaços: si en una enquesta sabem el que ens pregunten, solem adaptar les respostes als objectius i viciem els resultats. A més, el control dels mecanismes és vital per a obtenir resultats satisfactoris adaptats al que busquem.

L'opacitat dels algorismes de Google, Amazon o Netflix formen part de la seua utilitat i el seu poder. Si aquests criteris de construcció es feren públics, perdrien bona part de la seua eficàcia, que és just el que busquen. La transparència sotmetria a discussió pública criteris que són empresarials i, per tant, privats, i bloquejaria la seua rendibilitat. El problema és que aquests criteris suposadament privats interfereixen en la vida personal i pública dels afectats, i en aquest sentit hauríem de tenir dret a conéixer-los si més no, i a analitzar els seus efectes. L'exigència de transparència i publicitat és, per tant, un dels més importants que s'haurien d'imposar a les empreses que apliquen i utilitzen la IA. Sense transparència no hi ha democràcia i sense el caràcter públic dels mecanismes utilitzats no pot haver-hi participació ciutadana.

En tercer lloc, el mateix aprenentatge algorísmic reprodueix esquemes inconscients que transmeten prejudicis, estereotips i discriminacions. Quan s'utilitzen dades d'un context racista, sexista o esbiaixat econòmicament, l'algorisme les reprodueix i les perpetua de manera inconscient i invisible. A més a més, aquestes dades serveixen moltes vegades de coartada per a no canviar les coses. És com l'argument d'aquells publicistes que, després de ser acusats de masclistes en les seues produccions, al·leguen que només reflecteixen la societat existent. L'algorisme d'autoaprenentatge beu d'unes dades viciades de partida i, per tant, perpetua les discriminacions existents sense cap autocrítica, entre altres coses perquè no pensen, però nosaltres sí. I per això justament necessitem una formació més humanística i ètica en programació, aspecte que comentarem a continuació.

Per acabar, de vegades la investigació en IA necessita una base ètica suficient per a afrontar les implicacions morals, socials i humanes que la tecnologia desenvolupa. I això comporta que molts dels algorismes desenvolupats manquen de la perspectiva humanística, tot i que la versió final d'aquests dispositius s'aplica, al remat, a persones. No podem caure en l'error del «saberut» que, convençut del seu saber, no veu els biaixos racistes ni sexistes que s'implementen en els seus dispositius sense consciència. Només incorporant una visió ètica als estudis d'enginyeria es podrà corregir aquestes errades que passen desapercebudes per falta de sensibilitat. Cal incorporar formació experta en ètica a les empreses i a les universitats: només d'aquesta manera es podran superar les mancances i la incomunicació entre el món tecnològic i el pròpiament ètic i humà.

Un futur de guerrilla

Tan sols controlant aquests factors podrem fer dels algorismes mecanismes beneficiosos socialment i humanitària, encara que controlar-los signifique canviar la lògica neoliberal de les societats que els han gestat. Controlar aquests factors significaria complir el vell somni d'un món on la raó moral, guiada per interessos humanitaris i no per interessos instrumentals, dirigisca les aplicacions socials. Amb tot, sabem per la mateixa evolució social del darrer segle que ocorre just el contrari, que l'interés instrumental s'imposa de manera aclaparadora a qualsevol altra consideració humanística. En definitiva, difícilment podrem potenciar aplicacions algorísmiques que milloren la convivència i la igualtat si no redirigim els interessos que les guien.

Però, per desgràcia, sabem que aquestes consideracions no tenen èxit en els consells de direcció de les tecnològiques, i potser per això només podem lluitar contra aquestes grans corporacions i el seu armament digital des d'una postura de combat democràtica i ciutadana, de difusió d'informació i exigència de transparència, des d'una mena de guerrilla digital, resistent i alternativa, que opose els valors de participació i decisió pública i democràtica a l'ocultació i el control de les grans corporacions. És una lluita desigual, i possiblement algunes persones la consideren perduda de bestreta, però justament per això no podem defallir abans de començar i hem de continuar la tasca de difusió i conscienciació entre la ciutadania, continuar amb aquesta tàctica de guerrilla que erosione la confiança absoluta que les grans empreses volen aparentar.

Això o la rendició, i ja sabem que les batalles que no es combaten són les primeres que, de segur, es perden.

Referències

En l'elaboració d'aquest assaig hem treballat moltes referències, però per tal de no avorrir-vos amb deu minuts de crèdits, us suggerim només les fonamentals.

Barque-Duran, A., Pothos, E., Yearsley, J. i Hampton, J. «Contemporary Morality: Moral Judgments in Digital Contexts». A *Computers in Human Behavior*, vol. 75, p. 184-193, 2017.

Boden, M. A. *Inteligencia artificial*. 1a ed. Traducció: Inmaculada Pérez Parra. Madrid: Turner Publicaciones, 2017.

Bogost, I. «The Cathedral of Computation». *The Atlantic*: 15 de gener de 2015, [consulta: 25 d'abril de 2019]. Disponible a:
<www.theatlantic.com/technology/archive/2015/01/the-cathedral-of-computation/384300/>.

Duran, X. *L'imperi de les dades. El* «big data»*: oportunitats i amenaces*. València: Bromera, 2017.

Finn, Ed. *La búsqueda del algoritmo*. 1a ed. Traducció: Héctor Castells Alvareda. Barcelona: Alpha Decay, 2018.

Habermas, J. *Ciencia y técnica como ideología*. Madrid: Tecnos, 1984.

Habermas, J. *Teoría de la acción comunicativa, I y II*. Madrid: Taurus, 1987.

Jonas, H. *El principio de responsabilidad. Ensayo de una ética para la civilización tecnológica*. Barcelona: Herder, 1995.

Latorre, J. Ignacio. *Ética para máquinas*. Barcelona: Ariel, 2019.

López de Mántaras Badia, R. i Meseguer González, P. *Inteligencia artificial*. 1a ed. Madrid: CSIC, 2017.

Macip, S. i Willmott, C. *Jugar a ser déus. Els dilemes morals de la ciència*. Alzira: Bromera, 2014.

O'Neill, C. *Armas de destrucción matemática. Cómo el Big data aumenta la desigualdad y amenaza la democracia*. Madrid: Capitan Swing, 2018.

Rumelhart, D. E., McClelland, J.L. (i el grup de recerca PDP). *Parallel Distributed Processing: Explorations in the Microstructure of Cognition*. Cambridge: MIT Press, vol. 1, 1986.

Singer, P. *Ética práctica*. Madrid: Akal, 2009.

Tegmark, M. *Vida 3.0. Qué significa ser humano en la era de la inteligencia artificial*. Traducció: Marcos Pérez Sánchez. Madrid: Taurus, 2018.

Thompson, C. «The secret history of women in coding. Computer programming once had much better gender balance than it does today. What went wrong?» A *The New York Times Magazine*, 13 de febrer de 2019.

Torras, C. *La mutació sentimental*. Barcelona: Pagès Editors, 2008.

Torras, C. «Robbie, the pioneer robot nanny: Science fiction helps develop ethical social opinion». *Mètode*, núm. 82, 2014.

Torras, C. «Social Networks and robot companions technology, ethics and science fiction. A *Mètode*, núm. 99, 2018.

Índex

p. 9 **Capítol pilot: La IA ens acompanya**

p. 11 **Capítol 1: Presentem la protagonista**

p. 21 **Capítol 2: Un salt enrere per a entendre la trama**
Des dels primers guions fins a l'estrena
Ada no fou l'excepció: guerreres dels bits
De l'hivern a l'era de la IA

p. 35 **Capítol 3: Tenim algunes sèries que podrien agradar-vos**
Robots amb lliure albir
L'espill trencat
Netflix marca la tendència
La IA en el cinema de ciència-ficció

p. 49 **Capítol 4: Ho afegim a la cistella?**
Càstig a la delinqüència
Mestres a examen
Jugar amb la mort: el cas de John Vlahos
Decidir és qüestió de milions... de dòlars
La *selfie* racista
Viatjar i puntuar amb Uber per a X
Fes la millor cara, tens entrevista: el cas de HireVue
Robojutges al servei de... la justícia artificial
L'algorisme i l'assistència absent: el cas de Tammy Dobbs
Armament intel·ligent
Els robots són més eficients
Dades privades per a fer front a un virus públic
Parla, parla, que no t'entenc
El radar gai
Docureality sobre la IA
A qui beneficia el crim? Documental d'investigació
Buidar la IA de prejudicis

p. 85 **Capítol 5: I si fem *match* amb un robot?**
Sense filtres: la situació actual dels robots sexuals
Quan l'espectador és el feminisme
Pot la robòtica sexual fer el paper d'heroïna?
Termes i condicions dels robots sexuals

p. 99 **Capítol 6: Cal decidir! Una brúixola ètica**
El problema moral
Llibertat i responsabilitat moral de la IA
Cotxes que decideixen per nosaltres
Raonaments ètics digitals

p. 117 **Capítol final: Espòilers d'una possible segona temporada**
La via cap a una IA amb seny
Embastar solucions
Un futur de guerrilla

p. 125 **Referències**